ANNE PULKKINEN

PEKiP: Babys spielerisch fördern

➤ Fähigkeiten erkennen und optimal unterstützen
➤ Die schönsten Spiele für das erste Jahr
➤ EXTRA: mit farbigem Poster zum Heraustrennen

Inhalt

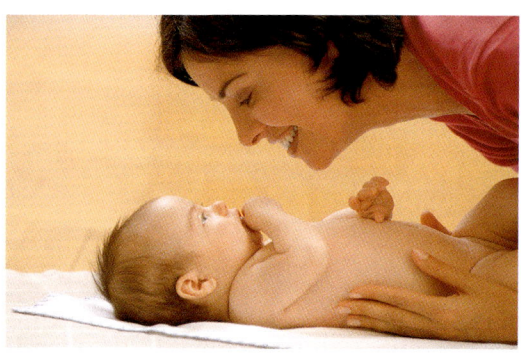

Ein Wort zuvor   5

Das erste gemeinsame Jahr 7

Babys und Eltern: ein perfektes Team   8

Das Baby ist da!   8
   Die Geburt – ein
   unvergeßlicher Moment   8
   Gemeinsame Aufgabe:
   eine Familie werden   9
Genies im Kleinformat   9
   Was Babys schon können   10
Gute Eltern – ganz
natürlich   13
   Was Eltern alles richtig
   machen   14

Das erste Jahr: Entwicklung in Riesenschritten   16

Entwicklung – was heißt das
eigentlich?   16
   Freiräume geben – Grenzen
   setzen   16
   So macht Ihrem Kind das
   Lernen Spaß   17
Zwölf atemberaubende
Monate   18
   Rasant oder bedächtig – jedem
   Baby sein Tempo   18

Krabbeln, sitzen, laufen – ein
Baby hat viel zu tun!   19
Die ersten drei Monate   20
Vom vierten bis zum
sechsten Monat   24
Vom siebenten bis zum
zwölften Monat   26

Entwicklungstabelle für das erste Lebensjahr   30

Das Prager-Eltern-Kind-Programm   32

PEKiP – was ist das?   32
   Babys und ihre
   verborgenen Talente   32
   Spiele – keine Übungen   33
PEKiP in der Gruppe   34
   Kontakte zwischen den
   Kleinsten   36
   Bindung ist wichtig
   – loslassen auch!   37

PRAXIS

Spiele und Anregungen   39

Gut vorbereitet beginnen   40

Das Wann und Wie   40
   Warm und gemütlich:
   Babys erster »Spielplatz«   40

Behutsam eingestimmt 41
Wie Sie das richtige
Spiel finden 41
Einfühlsam begleiten 42
Ein paar wichtige
»Spielregeln« 43
Zwei wichtige Griffe für
Spielzeit und Alltag 44

Spiele für das erste Vierteljahr 45

Beweglicher Kopf und
flinke Augen 45
Greifen, strampeln, treten:
Spiele für Hände und Füße 49
Bäuchlings – so wird's
leichter 51
Erste Tragespiele 53

Spiele für das zweite Vierteljahr 56

Noch mehr Spiele für
Hände und Füße 56
Bäuchlings spielen 58
Der richtige Dreh 60

Spiele für das zweite Halbjahr 64

Einiges ändert sich 64
Spiele für Babys Hände 65
Einladung zum Krabbeln 68
Kleine Krabbler unterstützen 71
Erste Laufproben 74
Soziale Spiele 78

Schönes zum Spielen 83

Spielzeug und mehr – was brauchen Babys? 84

Wozu Spielzeug? 84
Weniger ist mehr! 84
Alles kann Spielzeug sein! 85

Was Sie sonst noch fürs
Baby brauchen 85
Babyzubehör im Test 86

Spielzeug aus der eigenen »Werkstatt« 87

Ein farbenfrohes Mobile 87
Tastsäckchen 87
Ring mit Bändchen 88
Die dicke Tüte 88
Schnur mit Anhängseln 89
Klingende Dosen 89
Die Schneebesen-Rassel 89
Überraschungsbeutel 90
Bunte Kugelkette 90
Waschlappen mit Knöpfen 90
Tastkissen 91
Die musikalische Rolle 91
Die Schnurrolle 92
Die wilde Kugelbahn 92
Babys erste Trommel 93
Formbox 93
Die Schlange 93

Zum Nachschlagen 94

Bücher, die weiterhelfen 94
Adressen, die weiterhelfen 94
Register 94

Ein Wort zuvor

Die gesunde Entwicklung ihres Kindes liegt allen Eltern am Herzen. Mit den Anregungen in diesem Buch können Sie Ihr Baby spielerisch fördern, ohne es schon im Babyalter unter Leistungsdruck zu setzen. Gerade das erste Lebensjahr steckt voller Überraschungen und bietet Eltern und Kind zahlreiche Lern- und Erfahrungsmöglichkeiten, die unendlich viel Freude bereiten und neue Perspektiven für den Umgang miteinander eröffnen können.

Vielleicht fragen auch Sie sich ab und zu, ob sich Ihr Kind normal entwickelt. In diesem Ratgeber finden Sie viele Informationen zur kindlichen Entwicklung im ersten Lebensjahr und klare Hinweise, wie Sie Auffälligkeiten erkennen können. Vor allem aber soll Ihnen das Buch dabei helfen, das ganz individuelle Entwicklungstempo Ihres Babys besser zu verstehen – denn kein Kind gleicht dem anderen!

Seit über einem Vierteljahrhundert bereiten die Spiele des Prager-Eltern-Kind-Programms (PEKiP) Eltern und ihren Babys Freude – und beide lernen dabei von- und miteinander. Sie finden kurz erklärt, auf welchem entwicklungspsychologischen Hintergrund dieses bewährte Programm beruht. Vor allem aber sind die schönsten Spiel- und Bewegungsanregungen für das gesamte erste Lebensjahr so beschrieben, daß Sie sie leicht zu Hause durchführen können. Sie können also schon mit Ihrem Neugeborenen spielen! Alle Anregungen unterstützen die eigene Aktivität Ihres Babys und vermitteln ihm das Gefühl: »Ich kann das schon allein!« So erfährt Ihr Baby, daß es viel zu lernen gibt, und gleichzeitig wird sein Selbstwertgefühl gestärkt.

Darüber hinaus erfahren Sie, welches Spielzeug für Ihr Baby sinnvoll ist und welche anderen Hilfsmittel Ihnen den Alltag mit Ihrem Kind erleichtern, ohne die gesunde Entwicklung Ihres Babys zu beeinträchtigen. Nach dem PEKiP-Motto »Weniger ist mehr« können Sie aber auch schnell und preiswert schöne Spielsachen für Ihr Kind selbst basteln. Wie, erfahren Sie am Ende dieses Buches.

Nun wünsche ich Ihnen viel Spaß beim gemeinsamen Spielen – ob zu Hause oder in einer PEKiP-Gruppe!

Anne Pulkkinen

Das erste gemeinsame Jahr

Ihr Baby, an das Sie in den letzten Monaten so oft gedacht haben, ist nun endlich da: Eine aufregende und beglückende Zeit beginnt. Alles ist neu – und so wird es sicher auch Situationen geben, in denen Sie sich etwas hilflos fühlen.

Auf den folgenden Seiten wollen wir Sie deshalb ermutigen, sich selbst – und Ihrem Baby – zu vertrauen: Die Natur hat Ihnen und Ihrem Neugeborenen erstaunliche Fähigkeiten mitgegeben.

Vertrauen Sie also öfter auf Ihre innere Stimme – und Sie werden meist genau das richtige für sich und Ihr Kind tun.

Babys und Eltern: ein perfektes Team

Endlich ist es soweit: Ihr Kind ist geboren! Es wird Ihr Leben verändern. Sie werden mit ihm viele schöne Momente erleben, aber auch anstrengende Zeiten gemeinsam durchstehen.

Das Baby ist da!

Seiltanz zwischen Glück und Unsicherheit

Eine spannende und aufregende Zeit von neun Monaten liegt hinter Ihnen. Schon während der Schwangerschaft erleben viele werdende Mütter wahre »Stimmungsstürze«: Oft ist die Frau überglücklich und kann kaum noch den Moment abwarten, in dem sie das kleine Wesen endlich im Arm halten darf. Wenige Augenblicke später wird dieses Hochgefühl von einer Welle der Angst und Unsicherheit weggespült: Wie werden wir das Leben mit dem Kind bewältigen? Werden wir gute Eltern sein? Auch selbst noch »etwas vom Leben haben«? Viele dieser Gefühle und Stimmungsschwankungen bekommt das Kleine im Mutterleib bereits mit. Auch werdende Väter sehen ihrer neuen Rolle häufig mit recht gemischten Gefühlen entgegen: Schließlich ändert sich ihre Position in der Partnerschaft und der jungen Familie ebenso.

Die Geburt – ein unvergeßlicher Moment

Ein ganz besonderes Erlebnis

Und dann ist es soweit: Die Wehen setzen ein, das Baby kündigt sein Kommen an. Jede Geburt verläuft anders. Aber egal wo und unter welchen Umständen Sie entbinden: Wenn während der Geburt keine Komplikationen auftreten, die eine rasche medizinische Versorgung Ihres Kindes nötig machen, versuchen Sie, die ersten Stunden seines Lebens mit Ihrem Baby zu verbringen. Schon in diesen Augenblicken beginnen Sie und Ihr Kind, sich kennenzulernen, einander zu fühlen, sich gegenseitig zu beobachten.
Der Name des kleinen Erdenbürgers steht meist vorher schon fest. Jetzt aber ist die kleine Anna oder der winzige Maximilian Realität geworden. Es gibt kein Zurück mehr – die gemeinsame, unbekannte Zukunft hat begonnen.

Gemeinsame Aufgabe: eine Familie werden

Wie auch immer Sie sich als werdende Eltern das Leben mit Ihrem Baby vorgestellt haben: Sicher wird vieles ganz anders sein, als Sie es erwartet haben. Das ist völlig normal. Schon die nahe Zukunft – das erste Lebensjahr Ihres Kindes – bringt so viele Ereignisse und Veränderungen wie keine andere Zeit im Leben. Es gibt viele neue Themen, mit denen Sie sich jetzt beschäftigen: Stillen, Windeln, schlaflose Nächte, Zufüttern, Abstillen, der Ausstieg aus dem Beruf, die Sorge um die normale Entwicklung Ihres Kindes und Veränderungen in der Partnerschaft sind nur einige davon. Gerade jetzt ist es wichtig, daß junge Mütter – und Väter – Gelegenheit haben, sich mit anderen zu treffen und auszutauschen, die

Das Baby kommt – Ihre Welt steht kopf!

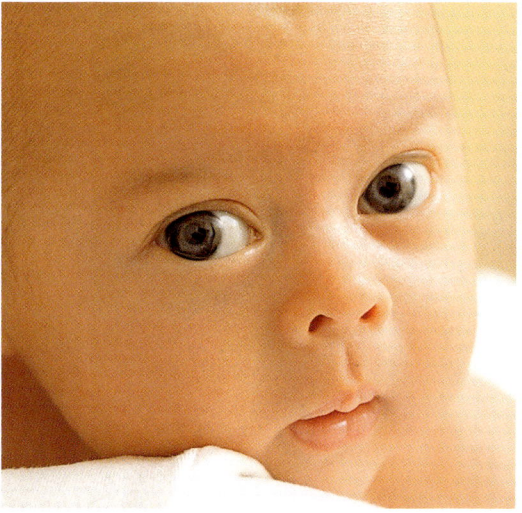

sich in der gleichen Situation befinden. Das ist beispielsweise in einer PEKiP-Gruppe möglich (siehe ab Seite 34). Oft geht es einer jungen Mutter schon besser, wenn sie sich bei einer anderen Mutter oder in einer Gruppe »Gleichgesinnter« aussprechen kann. Alle wissen, was eine schlaflose Nacht bedeutet! Nach einem solchen Gespräch fällt es vielen leichter, auch wieder die Sonnenseiten im Zusammenleben mit ihrem Baby wahrzunehmen – und davon gibt es unendlich viele!

»Da bin ich!« – diesem bezaubernden Blick kann man einfach nicht widerstehen!

Genies im Kleinformat

Für viele Wissenschaftler ist heute eine ganz besondere Seite des Elternseins interessant: Die natürliche Kompetenz des Neugeborenen – und seiner Eltern (siehe ab Seite 14). Bei Studien zu diesem Thema kam man zu verblüffenden Ergebnissen: Neugeborene und wenige Monate alte Babys sind keinesfalls nur unfähige Schreihälse, wie leider oft angenommen wird. Was die kleinen Menschlein schon alles kön-

> **TIP!**
>
> ### Schönes genießen ...
>
> Der erste Blickkontakt, das erste Lächeln, die Babyhand in Ihrer Hand, Babys Duft, seine ersten Laute, ein liebevolles Umarmen, die ersten Schritte, ein vertrauensvoll geplappertes »Mama« oder »Papa« ... das sind die Sonnenseiten im Leben mit einem Kind, die im Alltagstrubel oft übersehen werden. Versuchen Sie diese schönen Momente mit Ihrem Kind bewußt zu genießen: Sie geben Ihnen Kraft für das manchmal anstrengende gemeinsame Leben.

Winzlinge – gar nicht dumm

nen, lesen Sie auf den folgenden Seiten. Natürlich ist es gar nicht so einfach, die jahrhundertealte Vorstellung vom unfähigen Baby zu verändern: Es wird sicher noch eine Weile dauern, bis die wissenschaftlichen Erkenntnisse auch von Laien – also Eltern, Großeltern und anderen – zur Kenntnis genommen und akzeptiert werden. Denn noch immer geistert das Bild vom »dummen ersten Vierteljahr« in vielen Köpfen herum. Deshalb ist es auch ein besonderes Anliegen dieses Buches, dazu beizutragen, dieses Vorurteil zu widerlegen.

Was Babys schon können ...

Scheinbar ist es völlig hilflos – und doch verfügt ein Neugeborenes schon über erstaunliche Fähigkeiten. Einige sichern sein Überleben. Neben diesen biologischen hat Ihr Baby aber auch schon soziale Kompetenzen: Es kann Kontakt zu anderen Menschen aufnehmen. Das bedeutet unter anderem, daß Sie vom ersten Tag an mit Ihrem Kind spielen können – und nicht erst, wenn es laufen und sprechen kann.

Biologische Fähigkeiten: Wissen, um zu überleben

Die Natur hat Babys mit einigen grundlegenden biologischen Kompetenzen ausgerüstet. Diese ermöglichen dem Neugeborenen zum Beispiel das Atmen und die Nahrungsaufnahme.

Im Mutterleib wurde das Ungeborene über die Nabelschnur der Mutter mit Sauerstoff versorgt. Sofort nach der Geburt jedoch – gleich mit dem ersten Atemzug – kann das Baby selbständig Sauerstoff aufneh-

Atmen, essen, leben: bereit für die Welt

men. Das gleiche gilt für den Umgang mit der Schwerkraft: Ihr Baby kann von Anfang an gut mit der Erdanziehungskraft umgehen und sich entsprechend bewegen – nach der langen Schwerelosigkeit im Fruchtwasser keine leicht zu meisternde Aufgabe.

Hohe Ansprüche an einen kleinen Körper

Auch seine Ernährung muß das Neugeborene nun umstellen: Es wird nicht mehr durch die Nabelschnur versorgt, sondern muß saugen, um an seine Nahrung zu kommen – und dabei auch noch das Schlucken und Atmen koordinieren. Um die richtige Körpertemperatur muß sich der kleine Körper Ihres Babys plötzlich ebenfalls selbst »kümmern«: Vorher befand er sich im wohltemperierten Fruchtwasser, jetzt muß er seine Temperatur selbst halten und regulieren. Dazu ist der Babykörper dank seines inneren »Thermostats« in der Lage.

Soziale Kompetenz: Wie Babys Kontakt aufnehmen

Neben den biologischen Fähigkeiten verfügt Ihr Baby von Anfang an auch schon über soziale Kompetenzen. Es kann also den sozialen Kontakt zu anderen aufbauen, aufrechterhalten und beenden.

Erste Kontakte knüpfen

Warum muß ein Baby schreien?

Schreien ist für Ihr Baby eine der ersten Möglichkeiten, sich bemerkbar zu machen, seine Bedürfnisse und Gefühle zu äußern und Kontakt zu Ihnen aufzunehmen. Erstaunlich schnell lernt Ihr Kind, daß es mit seinem veränderten Schreien etwas Bestimmtes erreichen kann: Es bekommt Nahrung, findet Nähe oder erhält trockene Windeln.

Und auch Sie als Eltern lernen bald, die Signale Ihres Babys richtig zu deuten. Haben Sie keine Angst, wenn Sie in den ersten Wochen noch nicht bei jedem Schrei genau wissen, was Ihr Baby braucht – Sie werden mit der Zeit immer sicherer im Umgang mit Ihrem Kind. Schreit es jedoch sehr häufig, ohne daß Sie den Grund herausfinden können, sollten Sie Hilfe suchen (siehe Kasten nächste Seite). In jedem Fall sollten Sie gründlich nach der Ursache suchen.

Babygeschrei: anstrengend, aber ganz normal

Sehen, hören – und erste »Gespräche« führen

Bindungen zu anderen aufzubauen, ist ein Grundbedürfnis, das das Überleben eines Menschen sichert. Neben dem Schreien verfügt deshalb ein Neugeborenes noch über andere Fähigkeiten, um Kontakt zu

WICHTIG

Schreien ohne Ende ...

Ihr Baby schreit ständig ohne erkennbaren Grund, und Sie können es nicht mehr beruhigen? Manchmal kann schon ein Gespräch mit anderen Müttern oder Vätern helfen. Vielleicht leidet Ihr Baby nur besonders stark unter den berühmten Drei-Monats-Koliken? Suchen Sie im Zweifelsfall einen Arzt oder andere Fachleute (zum Beispiel Erziehungs- oder Familienberatungsstellen) auf, um Rat und Hilfe zu finden. Wohin Sie sich wenden können, erfahren Sie zum Beispiel in der »Schreisprechstunde« (Adresse siehe Anhang, Seite 94). Frau Dr. Papoušek, eine erfahrene Kinderpsychologin, hat diese Initiative in München ins Leben gerufen und damit schon vielen Eltern und Babys geholfen.

anderen aufzunehmen: Die meisten Eltern sind überrascht, mit welch wachem Blick ihr Kind sie gleich nach der Geburt ansieht. Dieser wache Bewußtseinszustand ist eine der ersten Fähigkeiten des Babys. Er hilft ihm, die Bindung zu Mutter und Vater herzustellen. In den letzten Schwangerschaftsmonaten hat sich auch das Gehör des Babys entwickelt. Meist erkennt ein Baby deshalb nach der Geburt schnell die Stimme seiner Mutter; es konnte ihr schließlich schon während der Schwangerschaft lauschen.

Hellwach im Hier und Jetzt

Sicher haben Sie das schon einmal gesehen: Eine Mutter streckt ihrem Kind die Zunge raus – und ihr Baby tut dasselbe! Nachahmung und keine Unverschämtheit! Ahmt Ihr Baby Sie nach, ist auch das ein Versuch, mit Ihnen in Kontakt zu treten.

Darüber hinaus kann Ihr Kind schon sehr früh Personen voneinander unterscheiden. Zuerst orientiert es sich an den Stimmen: Welche sind ihm vertraut, welche nicht? Auch durch die Art, wie Mama, Papa oder andere es tragen oder anfassen, lernt Ihr Kind, Bezugspersonen von Fremden zu unterscheiden.

Mama und Papa hörend erkennen

Jetzt ist Schluß – wie Babys sich »abschotten«

Unterhaltung im Flüsterton, auf Strümpfen durch die Wohnung schleichen, jedes überflüssige Geräusch vermeiden: Gerade beim ersten Kind versuchen junge Eltern oft, in der Wohnung möglichst vollkom-

mene Stille zu erzeugen – bei
Zweit- und Drittgeborenen ist das
ohnehin nicht mehr möglich.
Die Winzlinge können sich jedoch
meist ganz gut selbst »ausblen-
den«, wenn es ihnen zuviel wird:
Wenn sie den Blickkontakt beenden möchten, wenden sie einfach
die Augen ab, und trotz lautem
Geschwisterlärm schlafen sie im
gleichen Zimmer ein, sobald sie
müde sind.

Das Beste aus jeder Situation machen

Damit sich die natürlichen Kompetenzen des Babys und der Eltern optimal entfalten können, sollten die Ausgangsbedingungen möglichst
günstig sein: Der Geburtsverlauf spielt dabei ebenso eine Rolle wie das
möglichst frühe, ungestörte Kennenlernen.

Nicht entmutigen lassen

Eine anstrengende Geburt kann zum Beispiel zur Folge haben, daß das
Baby unmittelbar danach nicht so wach und aufnahmefähig ist – auch
die junge Mutter braucht möglicherweise längere Zeit, bis sie sich
ihrem Neugeborenen völlig zuwenden kann.
Eine besondere Situation ist es auch, wenn ein Baby mit einer Behinde-
rung auf die Welt kommt. Viele Fähigkeiten treten dann erst später auf
als bei gesunden Babys. Wichtig ist jedoch: Auch wenn der Start in das
gemeinsame Leben mit Ihrem Baby nicht so sein konnte, wie Sie es
sich erträumt hatten – wie Sie die Beziehung zu Ihrem Kind gestalten,
liegt in Ihrer Hand. Auch nach einem ungünstigen Beginn können Sie
also durchaus eine wunderschöne Zeit mit Ihrem Baby erleben.

Wenn Ihr Baby müde ist, kann es sich meist ganz gut selbst helfen: Es schaltet ab.

Gute Eltern – ganz natürlich

Nicht nur die Babys, sondern auch ihre Eltern sind von Anfang an
kompetent auf ihrem »Gebiet«. Das ist das Ergebnis aktueller wissenschaftlicher Untersuchungen. Verschiedene Studien haben gezeigt, daß
Eltern in den meisten Fällen die Bedürfnisse ihres Neugeborenen erkennen, wenn sie sich auf ihre Instinkte verlassen. Sie nehmen einfach

dessen Signale wahr – und antworten richtig darauf. Aber warum sind dann so viele Eltern im Umgang mit ihrem Kind verunsichert? Das liegt sicher nicht zuletzt daran, daß seit den sechziger Jahren Eltern mit den unterschiedlichsten Erziehungskonzepten und -stilen konfrontiert werden. Die vorgeschlagenen Methoden, die einander teilweise völlig widersprechen, lösen oft Unsicherheit und Orientierungslosigkeit aus. Ratschläge können auch Schläge sein!

Vertrauen Sie sich – und Ihrem Erziehungsstil Deshalb gehen wir in diesem Buch einen anderen Weg. Ein wichtiger Grundsatz ist: Mütter und Väter sind kompetent, sie wissen in der Regel (siehe auch Kasten nächste Seite) was ihr Baby ihnen sagen will. Die Eltern brauchen dafür aber Zeit: Um ihr Baby zu beobachten, seine Signale zu deuten und schließlich auch richtig darauf zu reagieren. Die Spiel- und Bewegungsanregungen des Prager-Eltern-Kind-Programms (PEKiP) geben Müttern und Vätern Möglichkeiten, ihr Baby zu beobachten und auf seine Aktionen zu reagieren. Ob nun zu Hause oder in einer PEKiP-Gruppe: Nehmen Sie sich möglichst viel Zeit, um Ihr Baby in Ruhe kennenzulernen.

Was Eltern alles richtig machen

Eltern sind biologisch so »programmiert«, daß sie richtig auf die Signale ihres Neugeborenen reagieren. Da ja auch das Baby von der Natur mit dem nötigen Wissen ausgestattet wurde, ist damit die optimale Grundlage für die gegenseitige Kommunikation und Bindung gelegt. Einige interessante wissenschaftliche Ergebnisse belegen dies.

Beim Stillen liegen Sie und Ihr Baby so, daß es Ihr Gesicht besonders gut sehen kann.

Immer in der besten Position

Beobachtet wurde beispielsweise, daß Mütter und Väter ihr Baby instinktiv in einem Abstand von 20 bis 25 Zentimetern zu ihrem Gesicht halten, wenn sie ihr Kind im Arm haben, mit ihm sprechen, es füttern oder stillen. Das ist ge-

nau die Entfernung, in der der Säugling Konturen und Farben am besten erkennen kann. Und niemand hat das den Eltern gesagt! Die Eltern passen sich auch der Lage des Kindes an. Wenn das Baby den Kopf zur Seite dreht, vollziehen sie diese Bewegung »spiegelbildlich« mit. Die Bewegungen der Mutter oder des Vaters richten sich dabei nach denen des Kindes. So hat das Baby in jeder Lage die optimalen Bedingungen, um den Kontakt aufrechtzuerhalten. Nicht nur das Baby ahmt also Mama und Papa nach (siehe Seite 12), sondern die Eltern ebenso ihr Kind.

Auch viele Lautäußerungen des Babys werden von den Eltern intuitiv wiederholt. Das geschieht ebenfalls nicht grundlos: So entsteht ein frühes Gespräch zwischen Mutter oder Vater und Kind – eine wichtige Voraussetzung auch für die Sprachentwicklung.

Sprechen Sie mit Ihrem Baby – vom ersten Tag an

Ihr Baby spürt, in wessen Armen es liegt

Wenn die Mutter das Baby auf dem Schoß und in den Armen hat, beginnt sie automatisch, das Kleine in einem gleichbleibenden Rhythmus zu schaukeln. Dabei streichelt sie ihr Baby oder klopft ihm sanft den Rücken – immer auf die gleiche Art und Weise. So lernt das Kind seine Mutter kennen. Und natürlich auch den Vater: Er hat eine andere individuelle Art. Dadurch können Neugeborene schon bald vertraute von fremden Personen unterscheiden (siehe auch Seite 12). Ganz intuitiv benutzen Eltern außerdem eine höhere Stimmlage, wenn sie sich mit ihrem Baby »unterhalten«. Sie sprechen mit veränderter Sprachmelodie und besonders langsam. Obwohl es oft belächelt wird, machen Eltern auch das genau richtig, denn Neugeborene haben eine Vorliebe für hohe Stimmen, wie viele Untersuchungen belegen. Es ist faszinierend, daß sogar schon kleine Kinder von zwei oder drei Jahren die höhere Stimmlage benutzen, wenn sie ein Baby ansprechen.

Ganz besondere Gespräche

WICHTIG

Ermutigung – ja, Freibrief – nein!

Auch wenn in diesem Buch immer wieder die Rede davon ist, daß Eltern meist intuitiv richtig auf ihr Kind reagieren, ist natürlich nicht *alles* richtig, was Eltern machen. Wie überall im Leben wird auch hierbei gesunder Menschenverstand vorausgesetzt: Eine Ohrfeige zu geben, ist zum Beispiel sicher kein Zeichen von intuitiver Kompetenz! Die Diskussion um kompetente Elternschaft ist auf keinen Fall ein Freibrief für alle möglichen und unmöglichen Erziehungsmethoden!

Das erste Jahr: Entwicklung in Riesenschritten

Die am häufigsten gestellte Frage bei einem Kinderarztbesuch lautet wohl: »Entwickelt sich mein Kind normal?« In der Regel wird diese Frage mit »Ja« beantwortet.

Daß Eltern in dieser Beziehung oft verunsichert sind, ist ganz normal: Zu der natürlichen Fürsorge für ihr Kind kommen oft noch die unzähligen Ansichten, Meinungen und Theorien, mit denen die meisten Eltern nahezu überschüttet werden: »Was, dein Kind sitzt noch immer nicht?« »Ist es denn schon sauber?« »Spricht es schon Zwei-Wort-Sätze?« »Denkst du, es ist normal, daß euer Baby so ruhig ist?« … Es ist erstaunlich, wie viele Verwandte, Bekannte oder auch völlig Fremde ganz genau »wissen«, wie sich ein Kind entwickelt, beziehungsweise zu entwickeln hat. Es gibt sicher zu keiner anderen Wissenschaft so viele Laienäußerungen wie zur Entwicklungspsychologie!

»Besserwisser« einfach reden lassen

Entwicklung – was heißt das eigentlich?

Heute ist man sich einig, daß die Entwicklung eines Kindes sowohl von den Genen als auch von der Umwelt abhängig ist. Das Neugeborene bringt für seine körperliche und geistige Entwicklung einen inneren »Plan« mit, gewisse Veranlagungen. Darüber hinaus muß es jedoch von Anfang an liebevoll in seiner Entwicklung begleitet werden. Die gesamte Umwelt, in die das Kind hineingeboren wird, spielt eine große Rolle – ganz besonders die Haltung der Eltern. Neben Nahrung und Pflege braucht das Baby vor allem das Gefühl, geborgen und angenommen zu sein. Nur so entsteht das sogenannte Urvertrauen – die Basis für eine gesunde Entwicklung.

Ein Baby braucht Geborgenheit und Liebe

Freiräume geben – Grenzen setzen

Balance zwischen Erlauben und Verbieten

Eine weitere Voraussetzung für die optimale Entwicklung des Kindes ist, daß es vielfältige Erfahrungen sammelt. Es braucht beispielsweise die Erfahrung, daß es selbst etwas bewirken kann: Welch ein Lernerfolg für das kleine Baby, wenn durch sein Ziehen an einer Schnur ein Lied aus der Spieluhr tönt! Neben der Freiheit, sich zu entfalten, braucht Ihr Kind aber auch klare Grenzen, in denen es sich bewegen darf. Ein Toastbrot gehört nun mal nicht in den Videorecorder! Auch wenn Ihr Baby Sie dabei lediglich nachahmt und auf diese Weise lernt. Den Unterschied zwischen einem Toastbrot und einer Videokassette kennt es jedoch noch nicht – es ist Ihre Aufgabe, Ihrem Kind geduldig, liebevoll und konsequent solche »Feinheiten« zu erklären.

Liebevolle Konsequenz

So macht Ihrem Kind das Lernen Spaß

Babys wollen lernen

Neben den Anlagen, die ein Baby mitbringt, und der Umwelt, in der es aufwächst, hängt die Entwicklung des einzelnen Kindes auch von seinen eigenen Motiven und Bedürfnissen ab. Schon ein Baby hat eine eigene Motivation, den inneren Drang, sich zu entwickeln. Es möchte möglichst selbständig in den Bereichen sein, in denen es etwas kann. Wenn es zum Beispiel gelernt hat, feste Nahrung zu kauen und zu beißen, wäre es nicht sinnvoll, ihm weiterhin alles fein zu pürieren. Das Kleine möchte gern von der neuen Fähigkeit – in diesem Fall vom Kauen – Gebrauch machen. Das stärkt sein Selbstwertgefühl, denn es erkennt: Ich kann etwas!

Ihr Neugeborenes bringt also viele Kompetenzen und Voraussetzungen mit, es braucht aber Ihre Unterstützung und Begleitung auf dem Weg zu einem ausgeglichenen, sozialen und glücklichen Erwachsenen – sozusagen eine angemessene »Entwicklungshilfe«. Eine verantwortungsvolle Aufgabe für junge Eltern!

WICHTIG
Vorsorgetermine im ersten Lebensjahr

Im ersten Lebensjahr gibt es mehrere Untersuchungen, bei denen der Kinderarzt überprüft, ob sich Ihr Kind gesund entwickelt. Und Sie haben dabei die Gelegenheit, dem Arzt Fragen zu stellen.

- U1 gleich nach der Geburt
- U2 3. bis 10. Lebenstag
- U3 4. bis 6. Lebenswoche
- U4 3. bis 4. Lebensmonat
- U5 6. bis 7. Lebensmonat
- U6 10. bis 12. Lebensmonat

Zwölf atemberaubende Monate

Der große Schritt vom Säugling zum Kleinkind Stellen Sie sich ein Neugeborenes vor, das auf dem Bauch liegt: Arme und Beine sind gebeugt, die Händchen zu Fäusten geballt – kaum zu glauben, daß aus diesem kleinen Bündel Mensch mal ein »richtiges« Kind wird! Und stellen Sie sich jetzt ein etwa zwölf Monate altes Kind vor, das gerade die ersten freien Schritte probiert und schwankend, mit ausgebreiteten Armen, auf Sie zukommt. Ein beeindruckender Unterschied, nicht wahr? Es ist unglaublich faszinierend, wie rasant sich ein Kind gerade im ersten Lebensjahr entwickelt.

Nie mehr im Leben eines Menschen geht die Entwicklung so schnell voran wie in diesem ersten Lebensjahr – nur im Mutterleib war sie noch schneller! Dies betrifft nicht nur den motorischen Bereich, sondern ebenso die psychischen und sozialen Fähigkeiten.

Lernen in Höchstgeschwindigkeit

Rasant oder bedächtig – jedem Baby sein Tempo

Wie verläuft nun die Entwicklung in der Regel – und was ist normal? Als Orientierungshilfe finden Sie auf den folgenden Seiten Angaben zum Entwicklungsstand Ihres Kindes. In der Tabelle auf den Seiten 30 und 31 haben wir alles noch einmal für Sie zusammengefaßt. Leichte Abweichungen von diesen Angaben sind kein Grund zur Sorge!

Schon unter Babys gibt es »Denker« und »Entdecker«. Freuen Sie sich am einzigartigen Wesen Ihres Kindes!

Fast alle Eltern vergleichen ihr Baby von Anfang an mit anderen Kindern. Statt sich dabei jedoch immer darauf zu konzentrieren, was andere schon besser können, sollten Mütter und Väter die Kinder »positiv vergleichen«: So können zum Beispiel drei Babys im Alter von acht **Ihr Kind ist** Monaten sehr unterschiedlich in ihrer Entwicklung sein. Eines robbt **einmalig** vielleicht und macht erste Krabbelversuche. Das andere krabbelt wild durch die Wohnung und versucht sich an der Tischkante hochzuziehen. Das dritte Baby »schwimmt« gern auf dem Bauch und versucht, in den Vierfüßlerstand zu kommen. Alle Babys sind gleich alt, jedes kann *etwas anderes* – und alle drei sind normal entwickelt!
Achten Sie also darauf, was Ihr Kind schon alles kann. So spielen zum Beispiel Babys, die am liebsten »nur« liegen und die Welt genau betrachten, gern mit ihren Händen und registrieren alles, was sie in ihrer Umgebung sehen. Diese kleinen »Gucker« können oft ihre Finger erstaunlich geschickt bewegen und schon bald ihre Hände gut benutzen.

Krabbeln, sitzen, laufen – ein Baby hat viel zu tun!

Die meisten Babys lernen vor dem Sitzen das Robben oder Krabbeln. **Aus der**
Legen Sie Ihr Kind oft im wachen Zustand auf den Bauch, denn aus **Bauchlage**
der Bauchlage heraus versuchen die Babys in den Hand-Knie-Stand zu **zum**
kommen. Dann wippen sie in dieser Position häufig mehrere Wochen **Krabbeln**
hin und her, bevor sie koordiniert krabbeln: die rechte Hand nach
vorn, das linke Bein angezogen, und umgekehrt. Dieser Bewegungsablauf trainiert das Zusammenspiel der beiden Gehirnhälften. Das ist unter anderem wichtig für das spätere Schreiben- und Lesenlernen.

WICHTIG
Keine Regel ohne Ausnahme!

Die Entwicklung eines Babys verläuft oft in einer ganz bestimmten Reihenfolge. Das heißt, es gibt einen »vorbestimmten« Ablauf, an den sich etwa 87 Prozent aller Babys halten. Die anderen 13 Prozent überspringen manche Entwicklungsstufen oder erreichen sie erst später als andere Babys. Sollte das bei Ihrem Kind der Fall sein, ist das meist kein Grund zur Sorge!
Achten Sie also vor allem auf das Entwicklungsalter Ihres Kindes – nicht nur auf sein tatsächliches Lebensalter! Wählen Sie deshalb aus den Bewegungs- und Spielanregungen in diesem Buch (ab Seite 45) stets die Spiele aus, die dem Können Ihres Babys entsprechen – auch wenn es vielleicht einige Wochen älter oder jünger ist als bei der jeweiligen Spielanregung angegeben.

Sie tun Ihrem Baby nichts Gutes, wenn Sie es vor der Krabbelphase hinsetzen – vielleicht noch mit Kissen abgestützt: Das schadet seinem Rücken. Es können sich Haltungsschäden entwickeln, die Ihrem Kind im späteren Leben – während der Schulzeit oder als Erwachsener – Probleme bereiten.

Nicht zu zeitig hinsetzen Setzen Sie Ihr Baby aus diesem Grund auch noch nicht in den Fahrradsitz, bevor es selbst sitzen kann. Die Erschütterungen können für das noch sehr empfindliche Rückgrat schädlich sein. Im Autokindersitz sollte Ihr Baby ebenfalls nicht für längere Zeit bleiben. Babysitze sind als sicheres Transportmittel im Auto unverzichtbar, aber zu Hause gehört das Baby nicht hinein – und schon gar nicht in dem Sitz auf den Tisch. Grundsätzlich gilt also: Setzen Sie Ihr Kind erst dann hin, wenn es selbst wirklich sicher sitzt (siehe Seite 27)!

Die ersten drei Monate

Ein Kind kommt mit vielen reflektorischen Reaktionen auf die Welt. Diese angeborenen Bewegungsmuster werden unwillkürlich ausgelöst. Ihr Baby kann sie anfangs nicht bewußt steuern, das gelingt ihm erst mit der Zeit: So entwickelt sich zum Beispiel aus dem Greifreflex des Neugeborenen nach und nach die Fähigkeit, bewußt nach einem bestimmten Spielzeug zu greifen.

Die »Grundausstattung«: Was Ihr Baby jetzt schon kann

Reflexe sicherten in unserer Entstehungsgeschichte das Überleben des Menschen. Zu den wichtigsten angeborenen Reflexen gehören die Saug- und Schluckreaktionen, die ein gesundes Baby schon bei der ersten Nahrungsaufnahme beherrscht. Eng damit verbunden ist der Suchreflex: Spürt das Baby die Hand oder die Brustwarze der Mutter an der Wange, wendet es den Kopf suchend in diese Richtung. Auch der Greifreflex ist angeboren. Berührt man die Handinnenfläche des Säuglings, schließt er die Hand. Die Füße des Babys reagieren ähnlich: Beim Berühren des Fußballens und der Fußsohle krümmen sich Babys Zehen, beim Loslassen werden sie gespreizt. Erschrickt Ihr Baby – beispielsweise durch einen lauten Knall oder eine plötzliche Lageveränderung – breitet es Arme und Beine aus. Danach zieht es seine Arme und Beine sofort eng an den Körper und umklammert sich sozusagen

Angeborene Bewegungsmuster

selbst. Diese Reaktion beruht auf dem sogenannten Moro-Reflex. Auch die Schreitreaktion ist ein angeborener Reflex: Umfaßt man den Körper des Neugeborenen unter den Achseln und hält es so, daß seine Füße die Unterlage berühren, macht das Kind Schrittbewegungen. Sie werden auch beobachten können, daß Ihr winziges Baby auf dem Bauch liegend Kriechbewegungen macht – und dabei sogar etwas vorwärts kommt: Hierbei handelt es sich um das reflektorische Kriechen.

Vorsicht auf dem Wickeltisch!

Auf dem Rücken liegend alles im Blick

Im ersten Monat liegt ein Baby asymmetrisch auf dem Rücken. Von einer asymmetrischen Lage spricht man, wenn Nase, Nabel und Schambein nicht auf einer geraden gedachten Linie liegen. Arme und Beine Ihres neugeborenen Kindes sind angewinkelt. Auf plötzliche, laute Geräusche reagiert es mit dem Moro-Reflex (siehe oben).

Ihr Baby liegt anfangs noch »schief«

Mit zwei Monaten kann das Baby seinen Kopf dann für kurze Zeit so halten, daß es gerade nach oben schaut, wenn es auf dem Rücken liegt. Am Ende des dritten Monats können die meisten Babys mit geradem Rumpf auf dem Rücken liegen. Dabei blicken sie nach oben und spielen oft mit ihren Händen. Jetzt reagieren die Kleinen auch nicht mehr so schreckhaft wie bisher, der Moro-Reflex läßt deutlich nach.

Bäuchlings die Welt entdecken

Das Neugeborene liegt auch in der Bauchlage noch recht »schief«, also asymmetrisch. Seine Arme und Beine sind gebeugt, die Hände geschlossen und der Kopf liegt auf einer Wange. Das Neugeborene kann

TIP!

»Kopf hoch!« – ist das anstrengend!

Anfangs fällt es Ihrem Baby schwer, in Bauchlage den Kopf hochzuhalten – vielleicht braucht es einen kleinen »Zusatzanreiz«, der es für einige Augenblicke die Anstrengung vergessen läßt: Das gelingt bestimmt mit folgendem Spiel:

▶ Legen Sie sich mit dem Gesicht zu Ihrem Baby ebenfalls auf den Bauch. Sprechen Sie mit ihm, zeigen Sie ihm ein kleines Spielzeug, ziehen Sie lustige Grimassen – Ihr Baby wird begeistert sein und ganz nebenbei seine Muskulatur »trainieren« (siehe auch Spiele auf Seite 51).

den Kopf kurz heben und nach beiden Seiten drehen. Gegen Ende des zweiten Monats kann Ihr Baby seinen Kopf dann schon etwas länger heben und so mehr von der Umgebung sehen. Auch die Beine Ihres Babys sind jetzt nicht mehr so stark gebeugt wie am Anfang.

Jetzt gibt es mehr zu sehen

Am Ende des dritten Monats liegen viele Kinder schon mit geradem Rumpf auf dem Bauch und können den Kopf länger hochhalten, was allerdings noch sehr anstrengend ist! Ihr Baby stützt sich dabei auf die Unterarme, sein Becken liegt flach auf der Unterlage.

Ganz schön zupackend

Aufgrund des angeborenen Greifreflexes (siehe Seite 20) sind Babys Hände im ersten Monat meist zur Faust geballt. Sobald Ihr Kind Gegenstände besser fixieren kann, versucht es, sie mit geöffneten Händen zu greifen: Diese Greifbemühungen sind in der Regel noch vergeblich, und Ihr Baby bewegt dabei den ganzen Körper mit.

Mit etwa drei Monaten lockern sich die kleinen Fäuste. Ihr Baby ballt die Händchen nur noch ab und zu, etwa, wenn es angespannt oder ängstlich ist. Es betrachtet seine Hände nun häufig sehr genau, spielt mit ihnen und steckt sie sogar in den Mund.

Anfangs hält Ihr Baby erst einmal alles fest – später wird es wählerischer.

Erste »Gespräche« führen

Streicheln, kuscheln, anfassen: Der erste soziale Kontakt entsteht durch Berührung der Haut. Der enge Körperkontakt beim Stillen oder beim Fläschchengeben ist für die weitere soziale Entwicklung des Kindes sehr wichtig. Ihr Baby braucht viel Hautkontakt und »Vitamin Z« – also ganz viel Zärtlichkeit. Auch Blickkontakte sind für Ihr Baby jetzt von großer Bedeutung: Schauen ist ein erster Weg, um zu kommunizieren. Schon im Alter von wenigen Wochen hält Ihr Baby inne, wenn es im Abstand von 20 bis 25 Zentimetern ein Gesicht sieht.

Berührung und Zärtlichkeit sind lebenswichtig

Und einen weiteren Trumpf bringt Ihr Baby mit: Es lächelt! Anfangs passiert das völlig unbewußt. Aber das sogenannte Engelslächeln ist einfach bezaubernd! Im zweiten oder dritten Monat tritt dann das erste soziale Lächeln auf. Es wird für Ihr Baby ein wichtiger Bestandteil des zwischenmenschlichen Kontakts – und die Herzen aller Erwachsenen schmelzen dahin, wenn das Baby zurücklächelt!

Babys Lächeln verzaubert die Welt Im Alter von etwa zwei Monaten versucht sich Ihr Baby auch an Vokallauten, wie »a« oder »ä«, die Sie als Eltern sicher automatisch wiederholen. Mit dem Nachsprechen unterstützen Sie die sprachliche Entwicklung Ihres Babys optimal. Nach diesen Vokallauten kommt das sogenannte Gurgeln oder Gurren: Das Baby bildet dabei » r«-Ketten. Außerdem gibt es Kehllaute wie »e-che«, »ek-che«, »e-rrhe« von sich.

Wie Ihr Baby jetzt die Welt sieht

Früher ging man davon aus, daß Neugeborene nicht sehen können. Inzwischen ist das Gegenteil bewiesen: Babys können unmittelbar nach der Geburt sogar schon Farben erkennen! Besonders gern schauen Neugeborene alles an, was klare Umrisse hat – zum Beispiel betrachten sie mit Vorliebe Gesichter. Auch Gegenstände mit deutlichen Hell-Dunkel-Kontrasten sind bei kleinen »Guckern« beliebt. Mit vier Wochen kann Ihr Baby einen Gegenstand konzentriert betrachten, es »fixiert« ihn. Kurze Zeit später folgen seine Augen einem Spielzeug, das von einer Seite zur anderen bewegt wird. Lassen Sie den Gegenstand nur ganz langsam wandern, damit Babys Augen ihn verfolgen können. Hört Ihr Baby etwas, sucht es anfangs mit den Augen nach der Geräuschquelle, bis es im Alter von etwa drei Monaten schließlich auch seinen Kopf in die Richtung drehen kann, aus der das Geräusch kam.

Was Babys schon sehen können

WICHTIG
Auffälligkeiten? Wann Ihr Kind zum Arzt sollte:

- Wenn Ihr Neugeborenes unter Saug- und Schluckschwierigkeiten oder starkem Erbrechen leidet.
- Wenn es schrill schreit und sehr unruhig ist.
- Wenn die Hände Ihres Babys am Ende des dritten Monats immer noch ständig zur Faust geballt sind.
- Wenn Ihr Baby mit drei Monaten Dinge nicht fixieren kann (Spielzeuge nicht länger anschaut, keinen Blickkontakt aufnimmt).
- Wenn Ihr Kind am Ende des dritten Monats nicht mit einer suchenden Kopfbewegung auf ein Geräusch reagiert.

Vom vierten bis zum sechsten Monat

Sie werden staunen, wie schnell die Zeit mit Ihrem Baby vergeht – bevor Sie es sich versehen, ist aus dem runzligen, kleinen Säugling ein rundliches, dralles Baby geworden: Und es lernt täglich etwas dazu!

»Sitzübung« in Rückenlage

Mit vier Monaten hält Ihr Kind sein Gleichgewicht in Bauchlage immer besser, indem es sich auf seinen Unterarmen abstützt. Aus diesem sicheren Unterarm-Becken-Stütz kann es kurz darauf sogar einen Arm hochheben, um ein angebotenes Spielzeug zu erreichen.

Schließlich wird Ihr Baby seine Arme in Bauchlage nach vorn stecken. Daraus entwickelt es oft ein Spiel, das lustig ausschaut und die Bauch- und Rückenmuskeln enorm kräftigt: Arme und Beine sind angehoben, das Körpergewicht liegt auf dem Bauch. Ihr Baby »schwimmt« oder »fliegt«.

Erste Schwimm- und Flugversuche

Mit etwa sechs Monaten haben die meisten Babys die Bauchlage weiter perfektioniert: Sie liegen jetzt im sicheren Hand-Becken-Stütz. Im vierten und fünften Monat übt Ihr Baby schon mal in Rückenlage für das spätere Sitzen, ohne dabei seine Wirbelsäule zu belasten. Es betastet zuerst seine Oberschenkel, dann die Knie. Wichtig: Setzen Sie Ihr Kind auf keinen Fall jetzt schon hin! Irgendwann rollt Ihr Baby vom Rücken auf die Seite, anfangs rein zufällig. Später wird es das bewußt versuchen, zum Beispiel, um ein interessantes Spielzeug zu erreichen. Einige Babys drehen sich dann schließlich mit sechs Monaten auch vom Rücken auf den Bauch, die meisten etwas später. Mit einem halben Jahr beschäftigen sich viele Babys ausgiebig mit ihren Füßen: Sie liegen auf dem Rücken und greifen mit den Händen danach. In dieser Haltung werden die Bauchmuskeln kräftig trainiert.

Für Babys ist das Leben ein Spiel: Ganz nebenbei trainieren sie alle wichtigen Muskeln.

Die Füße werden jetzt interessant

Bewußt zugreifen

Mit etwa vier Monaten kann Ihr Baby in der Rückenlage nach einem Spielzeug greifen, das Sie ihm seitlich hinhalten. Und es wird alle möglichen Gegenstände nicht nur mit den Händen, sondern auch mit dem Mund ganz genau erkunden. Kurze Zeit später kann Ihr Kind dann außerdem ein Spielzeug von einer Hand in die andere geben: Der Handgreifreflex ist jetzt in eine bewußte Greifhandlung übergegangen. Das Baby nimmt die Gegenstände so entgegen, daß sie sich zwischen seinen Fingern und dem gestreckten Daumen befinden. Bisher versuchte es, sie mit der ganzen Faust zu ergreifen.

Alles in den Mund

Mit einem halben Jahr kann Ihr Baby auf dem Rücken liegend diagonal über seinen Körper hinweg nach einem Spielzeug greifen. Es faßt also beispielsweise mit der linken Hand nach einem Gegenstand, den Sie ihm von der rechten Seite her anbieten. Dieses »schräge« Greifen und Zureichen ist wichtig für die gleichmäßige Entwicklung und das Zusammenspiel beider Gehirnhälften!

Immer geschickter: Babys Hände

Ihr Baby greift nun wahrscheinlich immer gezielter zu – aber es bedarf noch einiger Übung, bis es schließlich mit dem sicheren »Zangengriff« (Seite 28) sämtliche Staubflocken und Krümel vom Fußboden aufsammeln wird!

Interessante Unterhaltungen

Daß es Sie mit seinem Lächeln verzaubern kann, hat Ihr Baby schon erfahren. Ein weiteres schönes Erlebnis erwartet Sie, wenn Ihr Kind etwa vier oder fünf Monate alt ist: Es wird zum ersten Mal laut jauchzend lachen.

Wenn Ihr Baby sich im Spiegel sieht, lacht es das »fremde Baby« darin ebenfalls an. Es erkennt sich jedoch noch nicht selbst, das kann es erst zwischen dem 18. und dem 24. Lebensmonat.

Ihr Baby probiert jetzt wahrscheinlich auch begeistert die unterschiedlichsten Stimmlagen aus. Dazu kommen noch sogenannte Blasreiblaute: Das Baby preßt die Luft zwischen den geschlossenen Lippen durch. Dabei sind Laute wie »s« oder »f« zu hören.

Ihr Baby lacht – und experimentiert mit Lauten

Auch das Spielen mit der Spucke macht den meisten Kindern jetzt großen Spaß. Mit etwa einem halben Jahr bildet Ihr Baby dann wahrscheinlich außerdem immer wieder Silbenketten wie »da-da-da« oder »mem-mem-mem«.

Sehen und begreifen

Neben den angeborenen Reflexen (siehe Seite 20 f.) gibt es einige Reflexe, die erst im Laufe der Zeit ausgebildet werden. Einer davon ist das automatische Schließen der Augen, sobald sich ein Gegenstand nähert. Ist Ihr Baby etwa vier Monate alt, können Sie testen, ob es schon über diesen Reflex verfügt, indem Sie Ihre Hand plötzlich – ohne Luftzug – vor seinen Augen auftauchen lassen. Ihr Kind sollte daraufhin gleich die Augen schließen. So können Sie auch die Sehfähigkeit Ihres Kindes überprüfen. Dieser Reflex tritt erstmals zwischen dem vierten und sechsten Monat auf und bleibt lebenslang bestehen.

Einfacher Seh- und Reflextest

Hört Ihr Baby einen Laut, sucht es in diesem Alter prompt nach der Geräuschquelle, indem es den Kopf dreht.

Wenn Sie es auf dem Arm tragen, schaut es einem Spielzeug nach, das es gerade fallen gelassen hat. So beginnt Ihr Baby, Höhen und Tiefen zu erfassen.

> **WICHTIG**
> ## Auffälligkeiten? Wann Ihr Kind zum Arzt sollte:
>
> ● Wenn Ihr Baby mit vier Monaten den Kopf in der Bauchlage nicht mindestens eine Minute hochhalten kann.
> ● Wenn es nicht auf Geräusche aus allen Richtungen mit der gleichen Sensibilität reagiert, sondern beispielsweise nur auf Geräusche von einer Seite (rechts oder links).
> ● Wenn Ihr Baby mit vier Monaten noch asymmetrisch – also »schief« – liegt oder einseitige Bewegungen macht.
> ● Wenn es beim Herannahen einer Hand die Augen nicht reflexartig schließt (siehe oben).

Vom siebenten bis zum zwölften Monat

Aktiv und unternehmungslustig oder ruhig und verträumt, robuster Draufgänger oder doch eher ein zartes Sensibelchen: Im zweiten Lebenshalbjahr werden die Unterschiede zwischen den Babys immer größer – und Sie werden jetzt immer deutlicher erkennen, was für ein »Typ« Ihr Kind ist.

Akzeptieren Sie Ihr Baby so, wie es ist

Vom Rücken auf den Bauch – und zurück

Den meisten Babys gelingt es mit sechs oder sieben Monaten, sich vom Rücken auf den Bauch zu drehen – und etwas später auch vom Bauch auf den Rücken. In Rückenlage spielen viele Kinder jetzt gern und ausgiebig mit ihren Füßen und stecken sie in den Mund.

Von Tag zu Tag beweglicher Kurze Zeit später rollt Ihr Kind wahrscheinlich mit zunehmender Begeisterung durch die ganze Wohnung – oft zuerst nur über eine Seite. Eine andere Möglichkeit, sich von der Stelle zu bewegen, entdecken viele Babys, indem sie sich in der Bauchlage durch Heranziehen eines Beines drehen. Dann beginnen die meisten Kinder zu robben: Sie bewegen Arme und Beine, um vorwärts zu kommen, schaffen es aber noch nicht, den Bauch vom Fußboden wegzubekommen.

Nach dem Robben kommt oft der Vierfüßlerstand: Auf den Händen und Knien wippt das Kind hin und her. Es übt so eine sichere Haltung. Bis es koordiniert krabbelt, kann es noch lange dauern – 90 Prozent der Kinder krabbeln mit etwa zehn Monaten wirklich sicher.

Kurze Zeit später zieht sich Ihr Baby außerdem an niedrigen Gegenständen hoch und krabbelt über Hindernisse, wie etwa über eine bereitgelegte Matratze auf dem Boden.

Vom Liegen zum Sitzen

Die meisten Babys kommen aus dem Vierfüßlerstand über die Seite zum Sitzen. Zuerst sitzt das Baby seitlich und stützt sich dabei mit einer Hand ab. Erst wenn Ihr Kind den sogenannten Langsitz beherrscht, darf es hingesetzt werden: Ihr Baby sitzt dabei mit geradem Rücken – das Gewicht ist gleichmäßig auf beide Pobacken verteilt – und leicht angewinkelten Beinen.

Jetzt zieht sich Ihr Baby auch an Möbeln hoch und macht bald die ersten seitlichen Schritte, zum Beispiel um den Tisch herum. Dann steht Ihr kleiner »Held« sicher bald stolz am Tisch und hält sich nur noch mit einer Hand fest. Die ersten freien Schritte machen übrigens recht viele Babys zwischen dem Tisch und dem Sofa! Einige Kinder machen ihre ersten Schritte aus dem

Haben Sie Geduld: Ihr Baby sollte erst sitzen, wenn es das wirklich sicher kann.

sogenannten Bärengang heraus – sie bewegen sich mit hochgerecktem Po auf Händen und Füßen vorwärts: eine »unbequemere« Variante des Vierfüßlergangs. Etwa die Hälfte aller Kinder laufen zu ihrem ersten Geburtstag schon frei. Jedes zweite Baby läßt sich also noch etwas mehr Zeit.

Greifen, Festhalten, Loslassen

Langsam geht es voran — Ihr Baby greift nun mit beiden Händen gut und kann mit sieben oder acht Monaten in beiden Händen gleichzeitig je ein kleines Spielzeug halten. Das Spielzeug wird dabei nur mit Daumen, Zeige-, und Mittelfinger angefaßt. Jetzt kann Ihr Baby auch bald sein Spielzeug bewußt loslassen, was bisher ja noch zufällig passierte. Mit ungefähr zehn Monaten hebt es kleine Gegenstände mit gestrecktem Zeigefinger und Daumen auf – diese Technik nennt sich bezeichnenderweise »Pinzettengriff«. Dem folgt der noch geschicktere »Zangengriff«: Mit gebeugtem Zeigefinger und Daumen faßt Ihr Baby nach allen greifbaren kleinen Teilen. Mit etwa einem Jahr kann es vielleicht sogar schon vier Bauklötzchen gleichzeitig halten – in jeder Hand zwei.

Neue Grifftechniken

Spielen – aber nicht mit jedem!

Gerade noch war Ihr Baby »jedermanns Sonnenschein« – plötzlich lacht es nicht mehr alle Erwachsenen an. Skeptisch und ängstlich werden Fremde angeschaut, vielleicht weint Ihr Baby auch: Es »fremdelt«. Sogar wenn eine vertraute Person – zum Beispiel der Vater – einige Tage nicht da ist, kann es sein, daß das Baby danach auch ihm gegenüber kurze Zeit fremdelt.

Ihr Baby hat jetzt sicher viel Freude am Kuckuck-Spiel. Legen Sie dafür ein dünnes Tuch über seinen Kopf, und rufen Sie: »Kuckuck!«. Dann ziehen Sie das Tuch schnell weg. Bald wird Ihr Baby das selbst tun. Dieses Spiel mögen Babys ebenso gern mit vertauschten Rollen: Mama versteckt ihr Gesicht hinter dem Tuch und das Kind zieht es weg.

Auch beim Sprechen macht Ihr Baby im zweiten Lebenshalbjahr wahrscheinlich große Fortschritte. In den ersten fünf bis sechs Monaten bilden Kinder in allen Ländern die gleichen Laute – genauso wie gehörlose Babys. Erst danach paßt sich Babys Sprache an die Landessprache an. Aus den Silbenketten entstehen im Alter von acht bis zehn Monaten Doppelsilben wie »da-da«, »ma-ma« oder »ba-ba«. Wann mit die-

Anfangs gilt Baby-Esperanto

sen »Worten« wirklich nach den Eltern gerufen wird, ist von Kind zu Kind recht verschieden: Ungefähr 50 Prozent der Einjährigen meinen mit »Mama« tatsächlich die Mutter.

Mit neun oder zehn Monaten kennt ein Baby bereits einige Begriffe, auch wenn es die Worte selbst noch nicht sprechen kann. Wenn Sie Ihr Kind zum Beispiel fragen: »Wo ist der Ball?«, wird es vielleicht schon nach dem Spielzeug suchen. Es reagiert jetzt auch auf kleine »Aufforderungen«: Es winkt bei »Winke-Winke« oder klatscht in die Hände, wenn Sie es dazu animieren.

Ihr Baby versteht Sie immer besser

Wie Ihr Baby die Welt jetzt sieht und begreift

Mit sieben oder acht Monaten möchte Ihr Baby heruntergefallenes Spielzeug auch zurückhaben. Dann fängt für Sie als Eltern eine anstrengende Zeit an. Ihr Baby experimentiert jetzt mit der Schwerkraft: Immer wieder muß es überprüfen, ob ein Spielzeug auch wirklich zu Boden fällt, wenn man es losläßt – es könnte ja möglicherweise auch mal nach oben fliegen!

Dann werden Details – etwa Etiketten an Kuscheltieren – interessant. Ihr Baby erforscht diese kleinen Teile ganz genau. Gegen Ende des ersten Lebensjahres findet ein Kind ein Spielzeug, das unter einem von drei Bechern versteckt wurde – schon eine enorme Gedächtnisleistung! Ihr Baby hat jetzt auch begriffen, daß es ein an einer Schnur befestigtes Spielzeug – zum Beispiel eine Ente – zu sich heranziehen kann.

Geduldsspiel für Eltern

WICHTIG
Auffälligkeiten? Wann Ihr Kind zum Arzt sollte:

● Wenn der Moro-Reflex (schreckhaftes Öffnen der Arme, siehe Seite 21) über den sechsten Monat hinaus immer noch häufig bei Ihrem Baby ausgelöst wird.
● Wenn Ihr Baby mit sieben Monaten noch nicht ein Spielzeug von einer Hand in die andere geben kann.
● Wenn Ihr Kind sich im Alter von acht Monaten noch nicht vom Rücken auf den Bauch dreht.
● Wenn es mit elf Monaten auffallend häufig danebengreift, zum Beispiel, wenn es nach einem Spielzeug faßt.
● Wenn Ihr Baby mit etwa elf Monaten noch gar nicht krabbelt.

ENTWICKLUNGSTABELLE FÜR DAS ERSTE LEBENSJAHR

	IN BAUCHLAGE	IN RÜCKENLAGE
ERSTER BIS DRITTER MONAT	liegt asymmetrisch (schief) mit gebeugten Armen und Beinen, Wange liegt auf der Unterlage; hebt den Kopf nur kurz hoch	liegt asymmetrisch (schief), Gliedmaßen sind gebeugt, Kopf zur Seite gedreht, reagiert auf laute Geräusche mit Moro-Reflex
	Beugung der Arme und Beine läßt nach, Kopf wird einige Sekunden hochgehalten	kann den Kopf kurz in der Mitte halten, Beugung der Arme und Beine läßt nach
	liegt mit geradem Rumpf, stützt sich auf Unterarme und Becken, hält den Kopf fast eine Minute hoch, dreht ihn nach beiden Seiten	liegt mit geradem Rumpf, Moro-Reflex läßt nach
VIERTER BIS SECHSTER MONAT	stützt sich sicher auf die Unterarme, spielt mit Gegenständen, hält dabei das Gleichgewicht, hebt manchmal einen Arm	betastet seine Oberschenkel, später die Knie, rollt von einer Seite auf die andere
	streckt ab und an beide Arme nach vorn, versucht immer häufiger, in Bauchlage zu spielen	übt in Rückenlage die spätere Sitzhaltung, rollt sich auf die Seite
	liegt im sicheren Hand-Becken-Stütz (Arme gestreckt), »kippt« manchmal auf den Rücken	betastet seine Füße, rollt manchmal fast auf den Bauch
SIEBENTER BIS ZWÖLFTER MONAT	versucht, Bauch und Po hochzuheben	führt Füße zum Mund, spielt mit ihnen, spielt in Seitenlage
	dreht sich im Kreis; hebt einen Arm, stützt sich dabei mit dem anderen gut ab	dreht sich vom Rücken auf den Bauch
	dreht sich vom Bauch auf den Rücken, rollt über beide Seiten, beginnt zu robben	bleibt kaum auf dem Rücken liegen
	dreht sich aus der Rückenlage sofort auf den Bauch, krabbelt, zieht sich an niedrigen Gegenständen hoch	
	kommt aus dem Vierfüßlerstand zum Sitzen (zuerst seitlich, dann Langsitz)	
	zieht sich an Möbeln hoch, läuft seitlich an ihnen entlang, erste Schritte (50% der Kinder) bis zum ersten Geburtstag	

Eine Orientierungshilfe für Eltern

Greifen	Sozialer Kontakt/Sprache	Sehen und begreifen
Handgreifreflex, Hände meist zur Faust geballt	Hautkontakt ist wichtigstes Kommunikationsmittel, teilt sich durch Schreien mit	sieht klare Umrisse aus 22 bis 25 cm Entfernung, fixiert Gegenstände und Gesichter kurz
Hände öfter geöffnet, vergebliche Greifversuche, der ganze Körper bewegt sich dabei mit	Hautkontakt bleibt wichtig, manchmal reflektorisches Lächeln, Vokallaute wie a, ä	folgt mit den Augen einem Gegenstand, der sich seitlich bewegt, fixiert länger
ballt die Hände nur noch selten zur Faust, bringt sie vor dem Gesicht zusammen, betrachtet die Finger und spielt mit ihnen	lacht menschliche Gesichter an, produziert Gurgel- und Kehllaute	dreht den Kopf zur Seite, wenn es nach einer Geräuschquelle sucht
übt bewußt das Greifen, betastet alle Gegenstände und untersucht sie auch mit dem Mund	lacht viel und jauchzend, aber auch sogenannte »Drei-Monats-Angst« kann auftreten	schließt seine Augen, wenn plötzlich ein Gegenstand vor ihm erscheint (Schutzfunktion)
greift bewußt nach Dingen, gibt sie von einer Hand in die andere, greift nicht mehr mit ganzer Faust	Blasreibelaute werden geübt, das Baby lächelt nicht mehr alle spontan an	sucht prompt nach einer Geräuschquelle
greift diagonal über seinen Körper hinweg nach einem Spielzeug	Unterscheidet Bekannte von Fremden; bildet Silbenketten, wie »da-da-da«; beginnt, mit Lautstärke zu spielen	schaut einem zufällig heruntergefallenen Spielzeug nach
greift mit beiden Händen gut, kann gleichzeitig in jeder Hand ein kleines Spielzeug halten	schaut Fremde skeptisch an; spielt weiterhin mit der Lautstärke, flüstert	beugt sich vor, um heruntergefallenem Spielzeug nachzusehen (Höhe – Tiefe erkannt)
faßt Spielzeug mit Daumen-, Zeige- und Mittelfinger an	fremdelt deutlich	sucht versteckte Spielzeuge (z.B. unter einem Becher)
läßt Spielzeug bewußt nach unten fallen	mag Kuckuck-Spiele, bildet Doppelsilben, da-da, ba-ba usw.	tastet in einen Becher hinein (Tiefe wird untersucht)
Zeigefinger und Daumen gestreckt; schlägt Dinge aneinander	kennt einige Begriffe, ahmt Tätigkeiten Erwachsener nach	Interesse für Details, untersucht diese mit dem Zeigefinger
Zangengriff: Zeigefinger und Daumen gebeugt	sagt zum Auto »brr«, zum Hund »wauwau«	zieht ein an einer Schnur befestigtes Spielzeug zu sich heran
hält in jeder Hand zwei kleine Bauklötze	Bitte-Danke-Spiele, eventuell erste Worte: Mama, Papa	findet ein Spielzeug unter einem von drei Bechern

Das Prager-Eltern-Kind-Programm

Es ist bemerkenswert, daß gerade in einer Zeit, in der sich vieles in der Pädagogik schnell ändert oder gar verschwindet, das Prager-Eltern-Kind-Programm (PEKiP) schon relativ lange besteht. Seit 1973 treffen sich in Deutschland Mütter und Väter in den PEKiP-Gruppen.

PEKiP – was ist das?

Das Prager-Eltern-Kind-Programm wird in speziellen Eltern-Kind-Gruppen angeboten. Regelmäßige Treffen sollen die Entwicklung der Babys im gesamten ersten Lebensjahr begleiten. Beim ersten Treffen sollte Ihr Baby möglichst erst vier bis sechs Wochen alt sein.

Treffpunkt für ganz Kleine

Babys und ihre verborgenen Talente

»Im Kind sind ungeheure Entwicklungsmöglichkeiten verborgen, von denen wir bis heute keine Ahnung haben.« Mit dieser These stand der Prager Psychologe Dr. Jaroslav Koch in den 60er Jahren noch ziemlich allein da – die meisten Wissenschaftler gingen damals davon aus, daß Babys in den ersten Wochen und Monaten völlig unfähig wären (siehe auch Seite 9 f.).

Dr. Koch war jedoch davon überzeugt, daß schon Babys vieles können, wenn man ihnen optimale Entwicklungsbedingungen bietet. Für besonders wichtig hielt der Psychologe in diesem Zusammenhang die Bewegung: In einer Studie stellte er fest, daß Babys zufriedener waren und sich besser entwickelten als ihre Altersgenossen, wenn regelmäßig mit ihnen gespielt wurde und sie sich dabei ausgiebig bewegen konnten. Koch bemerkte außerdem, daß sich die Babys nackt viel mehr bewegten, als wenn sie angezogen waren.

Dr. Jaroslav Koch ...

... studierte in Wien und Prag Psychologie. Bis zu seinem Tod im Jahr 1979 war er am Institut für Mutter und Kind in Prag tätig. Im Mittelpunkt seiner wissenschaftlichen Arbeit stand die Entwicklung des Kindes im ersten Lebensjahr.

Nackte Strampeleien

Daß nackte Babys aktiver und zufriedener sind, war eine wichtige Erkenntnis von Dr. Koch, die sich in der Praxis immer wieder bestätigt.

Geben Sie Ihrem Kind Bewegungs-freiheit Leider sind wir heute oft »eingeengt« – durch zu kleine Wohnungen ebenso wie durch zu enge Kleidung.

Dr. Jaroslav Koch war es wichtig, daß Babys viel nackt sein können und sich frei auf dem Boden bewegen dürfen. Er fand die freie Bewegung für die gesamte Entwicklung eines Kindes sogar so wichtig, daß er seine Idee »Erziehung durch Bewegung« nannte.

Spiele – keine Übungen

Dr. Koch entwickelte verschiedene Spiel- und Bewegungsanregungen. Diese sollen die Entwicklung des Babys nicht beschleunigen, sondern sie lediglich unterstützen. Die Babys werden dabei auch nicht passiv bewegt, sondern dazu angeregt, selbst aktiv zu werden.

Ein Beispiel: Bei verschiedenen Kursen in Säuglingsgymnastik werden die Babys »beturnt«, indem Mama oder Papa Babys Knöchel faßt und dann die Beine des Kindes bewegt.

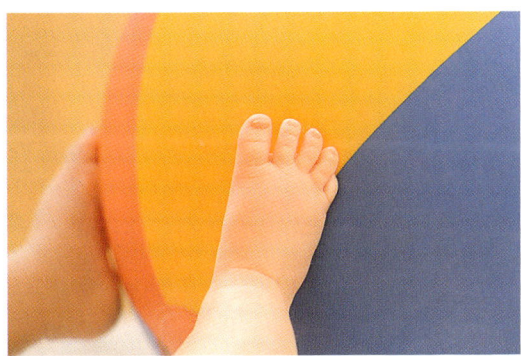

Ein PEKiP-Spiel, das auf den Anregungen Dr. Kochs basiert, würde dagegen so aussehen: Das Baby liegt auf dem Rücken, und seine Mutter hält einen an einer Schnur befestigten Wasserball so, daß er die Fußsohle des Kindes berührt (siehe Spielanregung auf Seite 50). Das Baby spürt den leichten Druck des Balls und kann jetzt selber entscheiden, ob es strampeln und dagegen treten will oder nicht. Gleichzeitig erfährt das kleine Kind, daß es ganz allein einen so großen Ball in Bewegung setzen kann!

Ganz schön beeindruk-kend, was so winzige Füße schon können!

Das macht Ihr Baby stolz Diese Spiele fördern auch die Beziehung zwischen Eltern und Kind. Ihr Baby spürt beim gemeinsamen Spiel die Nähe zu Ihnen. Gleichzeitig wird es darin bestärkt, daß es allein in der Lage ist, zum Beispiel die Beine zu bewegen oder den Kopf zu halten – das stärkt von Anfang an sein Selbstbewußtsein.

Eine Prager Idee kommt nach Deutschland

Frau Prof. Dr. Christa Ruppelt (1939-2001), eine deutsche Psychologin, lernte Dr. Koch 1964 auf einem psychologischen Kongreß in Wien kennen. Hier stellte er die Ergebnisse seiner Forschungen vor. Die deutsche Psychologin suchte zu diesem Zeitpunkt nach Möglichkeiten, Eltern im Umgang mit ihren Babys zu unterstützen und zu begleiten. Frau Dr. Ruppelt hatte unter anderem mehrere Jahre als Psychologin in einer Erziehungsberatungsstelle gearbeitet und wußte, daß viele Eltern sich mit ihrem Neugeborenen alleingelassen fühlten: Allein mit ihrer Unsicherheit im Familienalltag, allein mit vielen Fragen. In dieser Situation wollte sie den jungen Eltern helfen.

Ein Konzept, das Spaß macht Frau Dr. Ruppelt begann, Dr. Kochs Erkenntnisse umzusetzen: Sie entwickelte ein Modell für die Arbeit in Eltern-Kind-Gruppen. Aus diesem Modell ist mittlerweile ein festes pädagogisches Konzept geworden. Zur Zeit nehmen in ganz Deutschland wöchentlich etwa 50.000 Babys mit ihren Müttern oder Vätern an PEKiP-Kursen teil. Die Nachfrage nach diesen Gruppen ist inzwischen so groß, daß seit 1978 auch eine Fortbildung zur PEKiP-Gruppenleiterin angeboten wird (Informationen siehe Anhang, Seite 94).

PEKiP in der Gruppe

Spielen und mehr Mit den Bewegungsanregungen des Prager-Eltern-Kind-Programms können Sie die Entwicklung Ihres Babys begleiten und positiv beeinflussen – ob Sie die Spiele nun zu Hause allein mit Ihrem Baby, gemeinsam mit einer anderen Mutter und deren Kind oder in einer PEKiP-Gruppe durchführen. Die Gruppen bieten Ihnen aber darüber hinaus noch Kontaktmöglichkeiten zu anderen Eltern – und Ihr Baby lernt ebenfalls Freunde »seines Formats« kennen. PEKiP-Gruppen werden von verschiedenen Institutionen – etwa Familienbildungsstätten – angeboten (Informationen über PEKiP-Verein, siehe Anhang, Seite 94).

Babys fester »Freundeskreis«

In einer PEKiP-Gruppe treffen sich maximal sechs bis acht Babys mit ihren Müttern oder Vätern. Die Babys sind zu Beginn der Gruppenarbeit im Idealfall erst vier bis sechs Wochen alt. Die Gruppen bleiben in der Regel das ganze Jahr über gleich – es treffen sich also immer wieder dieselben Babys: Das ist eine wichtige Voraussetzung dafür, daß sich die Kleinen in ihrem ersten fremden Kreis wohlfühlen. Ein »Kaffeetreff« mit wöchentlich wechselnden Teilnehmern ist deshalb nicht dasselbe wie eine PEKiP-Gruppe – was natürlich nicht heißen soll, daß solche Treffen nicht auch wichtige Kontaktmöglichkeiten sein können. In der PEKiP-Gruppe geht es aber darüber hinaus darum, die Entwicklung Ihres Kindes im gesamten ersten Lebensjahr zu begleiten.

Kontakte zu anderen Eltern knüpfen

Die Gruppe trifft sich einmal wöchentlich unter Anleitung einer ausgebildeten PEKiP-Gruppenleiterin oder eines Gruppenleiters. Der Raum muß angenehm warm sein, damit die Babys nackt sein können. Ein Treffen dauert 90 Minuten. Die Eltern lernen dabei verschiedene Spiel- und Bewegungsanregungen kennen. Ein wichtiges Ziel ist, daß sie mit der Zeit aus den vielen Anregungen das auswählen können, was in diesem Moment das richtige für ihr Kind ist. Die Eltern sollten die Spiele möglichst oft wiederholen: So lernen die Babys sie am besten. Während die Kinder ausgezogen, angezogen oder gestillt werden, haben die Erwachsenen Zeit für Gespräche miteinander. Dabei geht es erfahrungsgemäß oft um die veränderte Situation mit dem Baby (siehe Seite 9). Viele Institutionen bieten PEKiP-Gruppen mit zusätzlichen regelmäßigen Gesprächsabenden an.

Hilfreicher Erfahrungsaustausch

Eine Chance – auch für die Väter

In der Regel nehmen die Mütter mit ihren Babys an den PEKiP-Gruppen teil. Die meisten Väter sind voll berufstätig, die Mütter arbeiten Teilzeit oder sind mit dem Baby ganz zu Hause. Väter können deshalb nur selten zu den PEKiP-Gruppen kommen, denn die Treffen finden

Die Ziele der PEKiP-Gruppen auf einen Blick

● Das Kind wird durch Bewegungs-, Sinnes- und Spielanregungen in seiner Entwicklung begleitet und unterstützt.
● Die Beziehung zwischen Eltern und Kind wird gestärkt.
● Der Erfahrungsaustausch und der Kontakt zwischen den Eltern soll ermöglicht und gefördert werden.
● Das Baby kann Kontakt zu gleichaltrigen Kindern und zu den anderen Erwachsenen knüpfen.

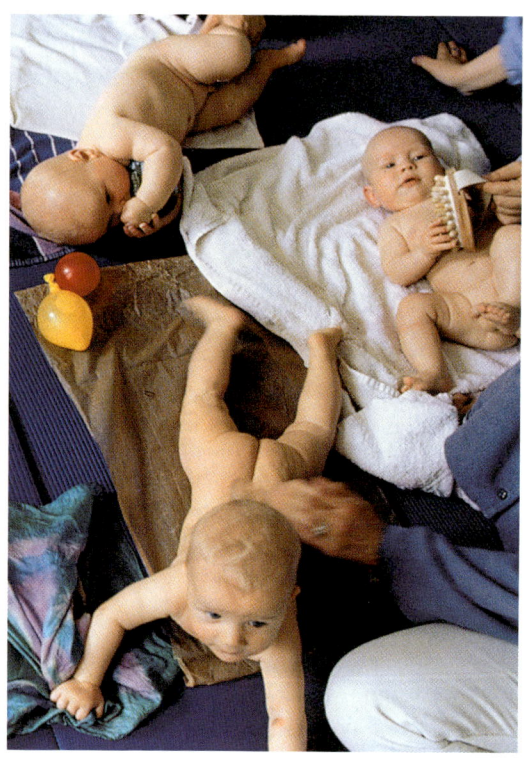

meist an Wochentagen statt. Aber auch junge Väter sollten die schöne Erfahrung genießen dürfen, abseits vom Alltagstrubel Zeit zum Spielen mit dem Baby zu haben! Einige Gruppenleiterinnen bieten deshalb zusätzlich ab und an samstags eine spezielle PEKiP-Stunde an, nur für die Väter mit ihren Babys. In einigen Familienbildungsstätten gibt es auch ständige PEKiP-Kurse für Väter, die dann immer samstags stattfinden.

**Spiel-
stunden mit
dem Papa**

Kontakte zwischen den Kleinsten

Ihr Baby findet in der PEKiP-Gruppe ebenfalls adäquate »Ansprechpartner«: Die anderen Babys. Die Kinder sollten dabei alle ungefähr gleichaltrig sein, weil Babys in jedem Alter auf unterschiedliche Art Kontakt knüpfen.

**Hier
schließt
auch Ihr
Baby erste
Bekannt-
schaften.** So wird ein drei Monate altes Baby durch Blicke Kontakt zu anderen Babys aufnehmen, mit neun Monaten krabbelt es vielleicht schon durch den Raum und »sucht« so seine Spielkameraden. Noch vor kurzem war man der Ansicht, daß Kinder unter drei Jahren nicht fähig wären, Kontakt zueinander zu knüpfen: Daß sogar schon zehn Monate alte Babys miteinander spielen, war einfach undenkbar! Der Sozialwissenschaftler Prof. Dr. Hans Ruppelt bewies jedoch mit Hilfe wissenschaftlicher Untersuchungen, wie vielfältig die Beziehungen der Kinder untereinander sind. Bereits ab dem dritten Monat suchen Babys zunehmend Kontakt zu Gleichaltrigen. Anfangs durch Blickkontakte, wenig später, indem sie nach dem anderen Baby greifen, sich ihm zuwenden oder versuchen, sich in seine Richtung zu bewegen. Auch durch Laute, Mimik und Lächeln zeigen die Kleinen dem anderen Baby ihr Interesse. Mit etwa einem Jahr schließen die Kinder dann darüber hinaus Kontakte, indem sie ihr Spielzeug austauschen.

**Subtile
Kommuni-
kation**

Bindung ist wichtig – loslassen auch!

Im ersten Halbjahr basieren die Spiel- und Bewegungsanregungen des Prager-Eltern-Kind-Programms vor allem auf dem engen Kontakt zur Mutter oder zum Vater. In dieser Zeit geht es darum, die Beziehung zwischen Eltern und Kind zu unterstützen. Genauso wichtig wie die Bindung ist aber das Loslassen.

Ihr Kind langsam loszulassen, fällt Eltern oft schwer

In einer PEKiP-Gruppe findet Ihr Kind die besten Voraussetzungen dafür, allmählich auch das Loslassen zu lernen: Die Babys kennen den Raum, die anderen Kinder und deren Eltern. Wenn sie beweglicher werden, können die Kleinen in dieser vertrauten Umgebung die ersten Versuche machen, sich von Mama oder Papa zu lösen. Anfangs reicht schon eine Entfernung von einem halben Meter – und gleich darauf braucht das Baby wieder die gewohnte Sicherheit und sucht die Nähe der Mutter.

Langsam werden die Erkundungsreisen des Babys immer länger. Zum Schluß reicht der Blick zur Mutter von der anderen Seite des Raumes, um dem Baby das Gefühl der Geborgenheit, aber trotzdem auch der Selbständigkeit zu geben. Beim PEKiP finden Sie viele Anregungen, um die Entwicklung zur Selbständigkeit zu fördern.

Geborgen und doch selbständig

Sich langsam entfernen

Wir sind in einem seltsamen, riesigen Raum. Nach allen Richtungen ist Mami die einzige vertraute Insel. Sie kenne ich in- und auswendig, aber das, was um uns herum ist, möchte ich gerne erkunden. So umkreise ich ihre äußersten Klippen. Ohne hinzusehen, bleibe ich mit ihr in Kontakt durch die Berührung, den Geruch, die Erinnerung. Ich folge ihren Umrissen, um aus verschiedenen Winkeln nach außen zu sehen. Das Außen ruft mich sanft drängend von ihr fort. Noch bleibe ich jedoch an ihren Küsten und lasse vor meinem inneren Auge eine Landkarte erstehen, darin ist sie der sichere Hafen mitten im Zentrum. Das Außen zieht mich immer stärker an …

Daniel N. Stern (Babyforscher und Schriftsteller, siehe auch Literaturempfehlung, Seite 94)

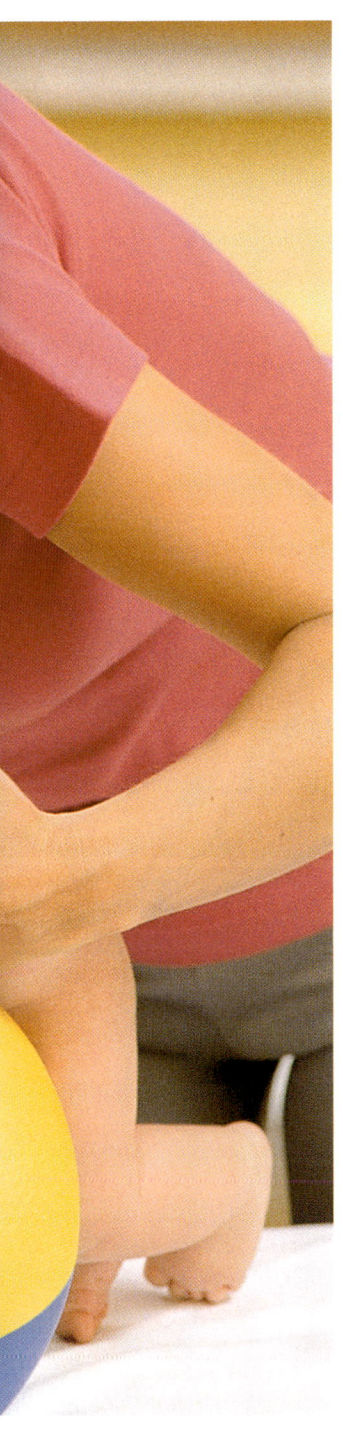

Spiele und Anregungen

Bewegt Ihr Baby sich schon mit wenigen Monaten begeistert zur Musik? Krabbelt es besonders geschickt? Oder hat es das bezauberndste Lächeln der Welt?

Jedes Kind hat ganz besondere Talente und einen unverwechselbaren Charakter.

Um seine Entwicklung zu unterstützen, müssen Sie kein ausgeklügeltes Trainingsprogramm mit Ihrem Kind absolvieren: Mit den folgenden Spiel- und Bewegungsanregungen begleiten Sie die gesunde Entwicklung Ihres Babys optimal. Vor allem aber werden Sie beide viel Freude dabei haben und die gemeinsame Spielzeit genießen.

Gut vorbereitet beginnen

Wenn ein Baby geboren wird, müssen natürlich zuerst seine Grundbedürfnisse nach Nahrung, Wärme, Ruhe, Zärtlichkeit und Nähe befriedigt werden. Doch kaum ist es ein paar Tage alt, schon verlangt Ihr Kind nach neuen Erfahrungen: Es möchte sich weiterentwickeln. In diesem Kapitel finden Sie zahlreiche Spiel- und Bewegungsanregungen, die Ihrem Baby dabei helfen.

Das Wann und Wie

Reservieren Sie für das Spielen möglichst immer eine bestimmte Zeit am Tag, in der Sie sich unge-

Hauptsache Spaß: Spiele aus dem Prager-Eltern-Kind-Programm

Es kommt vor allem darauf an, daß Sie und Ihr Baby eine schöne gemeinsame Spielzeit haben – ohne daß Ihr Kind dabei auf ein bestimmtes Ziel hin »trainiert« wird. Ganz wichtig: Sie geben Ihrem Baby lediglich eine kleine Anregung – etwa eine einleitende Bewegung – und Ihr Kind führt die weitere Bewegung selbständig aus. So stärken Sie auch Babys Selbstbewußtsein (siehe auch Seite 33).

stört vom Alltag auf Ihr Kind einlassen können und nicht an andere Dinge denken müssen. Ihr Baby sollte ausgeschlafen sein. Achten Sie darauf, wie Ihr Kind sich fühlt: Hat es Durst, sollte es natürlich trinken oder gestillt werden. Für Ihr Baby ist es aber auch ein schönes Gefühl, nach der gemeinsamen Spielzeit an der Brust der Mutter zu trinken. Sollten Sie Ihr Baby gerade erst gestillt haben, wählen Sie anschließend »ruhigere« Spiele aus, zum Beispiel solche für die Hände und Füße, damit Ihr Kind nicht aufstößt.

Harmonischer Start in die Spielzeit

Warm und gemütlich: Babys erster »Spielplatz«

Für die Spiele sollten Sie Ihr Baby möglichst immer nackt ausziehen – so hat es besonders viel Bewegungsfreiheit (siehe auch Seite 33). Dafür muß der Raum angenehm warm sein – das heißt, etwa 25 bis 27 °C. Achten Sie auch darauf, daß Ihr Baby keiner Zugluft ausgesetzt ist.
Sie können eine Decke oder ein größeres Handtuch auf dem Fußboden ausbreiten. Es ist wichtig, daß Sie sich auf die Ebene Ihres

So fühlt sich Ihr Baby wohl

Babys begeben, also ebenfalls am Boden sitzen. Am besten tragen Sie auch nur wenige leichte Sachen – so hat Ihr Baby mehr Hautkontakt mit Ihnen. Legen Sie die Uhr sowie Ihren Schmuck oder den Gürtel ab.

Zärtliche Streicheleinheiten zum Verwöhnen

Behutsam eingestimmt

Sprechen Sie beim Spielen mit Ihrem Baby, schauen Sie es an, streicheln Sie es. Vor allem in den ersten Wochen braucht Ihr Kind viel Körperkontakt, wenn es nackt ist – das gibt ihm die nötige Sicherheit.
»Bespielen« Sie Ihr Kind nicht die ganze Zeit. Wählen Sie immer nur wenige Anregungen aus und vergessen Sie auch nicht, immer wieder eine kleine Verschnaufpause einzulegen: Ausruhen gehört auch zur gemeinsamen Spielzeit. »Ruhigere« Phasen können beispielsweise Erfahrungen mit unterschiedlichen Materialien sein, wie etwa mit dem Tastsäckchen (siehe Seite 87). Und sicher liebt Ihr Baby auch die Momente, in denen Sie einfach nur neben ihm liegen und ihm in die Augen schauen!

Wie Sie das richtige Spiel finden

Anfangs werden Sie sich wahrscheinlich häufig zu Beginn der Spielzeit fragen: Welches Spiel könnte meinem Kind jetzt gefallen? Um ein geeignetes Spiel auszusuchen, können Sie sich am Entwicklungsstand Ihres Babys orientieren und die entsprechenden Anregungen mit ihm ausprobieren.
Dieses Vorgehen ist vor allem anfangs sicher am einfachsten und

Spieleauswahl leicht gemacht

TIP!

So finden Sie ganz schnell Babys aktuelles »Lieblingsspiel«:

▶ Orientieren Sie sich stets am aktuellen Entwicklungsstand Ihres Babys – nicht nur an seinem Alter (siehe auch ab Seite 18).
▶ Beobachten Sie Ihr Baby gut: Wie geht es ihm im Moment? Glauben Sie, daß es sich eher »austoben« möchte, oder hat es anscheinend mehr Lust auf eine ruhigere Spiel- und Schmuserunde?
▶ Viele Anregungen, die für die ersten Lebensmonate gedacht sind, eignen sich noch genauso für ältere Babys.
▶ Nach einiger Zeit werden Sie die »Favoriten« Ihres Babys kennen: Viele Kinder haben bald Lieblingsspiele, mit denen man sie immer wieder erfreuen kann.

TIP!

Selbstverständlich können Mama und Papa die Spielstunden gemeinsam begleiten, wenn es zeitlich möglich ist. Und auch ältere Geschwister sollten ruhig ab und an dabeisein dürfen: So merken sie zudem, daß sie nichts »versäumen« – ein gutes Mittel gegen die Eifersucht!

Um all ihren Kindern gerecht zu werden, können Mutter und Vater außerdem abwechselnd mit den »Großen« etwas Besonderes unternehmen, während der andere Elternteil mit dem Baby spielt.

Das Kind aufmerksam beobachten

sinnvollsten. Lesen Sie dazu die Anregungen durch, die dem Entwicklungsstand Ihres Babys entsprechen, und wählen Sie dann ein Spiel aus, das Ihrer Meinung nach Ihrem Baby gerade Spaß machen könnte.

Versuchen Sie zu erspüren, ob das Spiel Ihrem Baby gefällt und ob es die Bewegung wirklich selbst ausführt. Ist das nicht der Fall, beenden Sie das Spiel bitte gleich. Machen Sie eine kurze Kuschel- oder Schmusepause, und bieten Sie Ihrem Kind nach einer Weile noch einmal dasselbe oder ein anderes Spiel an.

Einfühlsam begleiten

Wenn Sie schon einige Zeit regelmäßig mit Ihrem Baby spielen und bereits zahlreiche PEKiP-An-

regungen kennen, werden Sie bei der Auswahl der Spiele immer sicherer: Schon wenn Sie Ihr Baby eine Zeitlang aufmerksam beobachten, wird Ihnen das passende Spiel einfallen.

So sehen Sie vielleicht, daß Ihr Baby sich bemüht, in der Bauchlage seinen Kopf hochzuhalten. Dabei gibt es möglicherweise immer wieder rasch auf, weil ihm diese Position zu anstrengend ist. Wenn Sie in dieser Situation eine entsprechende Anregung wählen, können Sie Ihrem Baby die Bauchlage erleichtern (beispielsweise mit den Spielen in Bauchlage ab Seite 51).

Während des Spieles sollten Sie natürlich Ihr Kind weiter aufmerksam beobachten, um zu sehen, ob Sie die richtige Entscheidung getroffen haben. Ihr Kind wird Ihnen deutlich zeigen, ob ihm das Spiel gefällt – und Sie lernen Ihr Baby so immer besser kennen.

Nähe, Vertrauen und Zärtlichkeit stehen beim gemeinsamen Spiel im Mittelpunkt.

Ein paar wichtige »Spielregeln«

Wiederholen Sie alle Bewegungs- und Spielanregungen möglichst oft. Ihr Baby merkt sich auf diese Weise ganz schnell, was zu welchem Spiel gehört: Bald wird es sich schon beim Anblick des Wasserballs darauf freuen, daß es sich gleich auf dem Ball hin und her schaukeln wird.

Versuchen Sie die Spiele möglichst immer auf beiden Seiten durchzuführen. Dasselbe gilt für das Hochnehmen und Tragen des Babys: Wenn Sie dabei ebenfalls beide Seiten gleich stark beanspruchen, schonen Sie darüber hinaus auch Ihren eigenen Rücken.

Bei vielen Spielen müssen Sie Ihr Baby von der Unterlage hochheben. Dabei verwenden Sie bitte immer zwei sichere »Grifftechniken« (siehe Seite 44).

Hilfreich: kleine Rituale und Regeln

Bekannte Spiele immer wieder neu

Variationen und Alternativen

Viele der Anregungen, die für die ersten Lebensmonate gedacht sind, eignen sich ebenso für ältere Babys. Bei den meisten Spiel- und Bewegungsanregungen auf den folgenden Seiten finden Sie darüber hinaus Möglichkeiten, wie Sie das Spiel variieren kön-

nen, so daß es stets aufs Neue interessant für Ihr immer mobiler werdendes Baby ist.

Und vergessen Sie im Alltag mit Ihrem Kind nicht: Spielzeit kann immer sein – ob beim An- und Ausziehen, nach dem Baden oder auf dem Wickeltisch.

Diese Spielzeuge und Gegenstände eignen sich für die Spiele

Ihr Baby braucht nur wenige Spielsachen (siehe Kasten Seite 84). Bei den Spielen können Sie einige davon einsetzen. Ein einfaches, aber schönes Spielzeug sollten Sie immer greifbar haben – das können Sie auch rasch selbst anfertigen (ab Seite 87). Folgende Dinge eignen sich für die Spielanregungen:

Im ersten Vierteljahr:
- Wasserball (Durchmesser 30 Zentimeter)
- einige kleinere Spielzeuge (roter Greifring und ähnliches)
- eine Babydecke

Im zweiten Vierteljahr außerdem:
- Wasserball (Durchmesser 40 Zentimeter)
- kleine Spielzeuge, einige Plastikbecher
- eine schräge Ebene (siehe Seite 58)

Im zweiten Halbjahr außerdem:
- kleine Spielzeuge und Haushaltsgegenstände (wie Kochlöffel, leere Dosen, Töpfe und ähnliches)
- für Krabbel- und Kletterspiele: Stuhl, Haushaltsleiter, Bügelbrett, eine Matratze oder ein Koffer
- ein Ball (zum Fußballspielen)
- ein dünnes Tuch, ein Bilderbuch

Wichtige Griffe für Spiel und Alltag

Schalengriff

▶ Nehmen Sie Ihr Baby grundsätzlich mit diesem Griff auf:

▶ Halten Sie es mit beiden Händen seitlich am Rumpf fest – so fühlt sich Ihr Baby sicher. Ihre Daumen liegen dabei auf dem Brustkorb, die anderen Finger leicht gespreizt am Rücken des Babys. So bilden Ihre Hände eine breite »Schale« um den Körper Ihres Kindes. Fassen Sie es nicht direkt unter den Achseln an – das könnte ihm weh tun –, sondern etwas weiter unten.

▶ Probieren Sie diesen Griff einige Male aus. Sie werden selbst spüren, daß Sie so Ihr Baby sehr sicher hochnehmen und halten können.

Über die Seite hochnehmen

▶ Aus der Rückenlage heben Sie Ihr Baby am besten seitlich hoch.

▶ Ihr Baby liegt auf dem Rücken. Fassen Sie es mit dem Schalengriff (siehe links) am Rumpf. Nun drehen Sie es so, daß es seitlich liegt und heben es in dieser Position langsam hoch. Ihr Baby kann dabei seinen Kopf selbst halten, ohne daß Sie ihn extra mit der Hand abstützen müssen.

▶ Um Ihr Baby wieder hinzulegen, verfahren Sie ebenso: Bringen Sie Ihr Kind in die Seitenlage, und legen Sie es dann vorsichtig hin. Babys Hüfte und Schulter berühren dabei zuerst die Unterlage, dann wird der Kopf abgelegt.

Spiele für das erste Vierteljahr

Schon in den ersten Tagen können Sie mit Ihrem Neugeborenen auf vielfältige Weise spielen. Welche Spielzeuge Sie bei den Spielanregungen im ersten Vierteljahr einsetzen können, lesen Sie im Kasten auf Seite 43.

Bei vielen Spielen muß Ihr Baby hochgehoben werden: Fassen Sie es dazu im Schalengriff, und nehmen Sie es über die Seite hoch. Diese Griffe sind auf der neben-

> **WICHTIG**
>
> Alle Spiel- und Bewegungsanregungen in diesem Buch sind für Babys gedacht, die »normal« entwickelt sind. Weicht die Entwicklung Ihres Kindes auffällig von den Angaben in der Tabelle ab Seite 30 ab, oder ist Ihr Kind von Behinderung bedroht oder behindert, sollten Sie sich beim Kinderarzt erkundigen, wie Sie die Entwicklung Ihres Babys optimal unterstützen können. Sicher wird Ihnen Ihr Arzt gern sagen, welche Spiel- und Bewegungsanregungen speziell für Ihr Baby geeignet sind.

stehenden Seite ausführlich erläutert. Bitte lesen – und üben – Sie diese Abläufe erst genau. Die Griffe sind auch im Alltag sehr nützlich. Ist Ihr Baby beispielsweise auf Ihrem Arm eingeschla-

fen, und Sie möchten es ins Bett legen, vermeiden Sie durch das seitliche Ablegen, daß es aufwacht. Gerade bei jungen Babys kann nämlich der Moro-Reflex (Seite 21) ausgelöst werden, wenn Sie Ihr Kind direkt auf den Rücken legen: Es erschrickt dann und wacht wieder auf.

Achten Sie auch darauf, daß Sie Ihr Baby nicht nur über eine Seite hochnehmen. Für die Entwicklung Ihres Kindes ist es wichtig, daß Sie es abwechselnd über die linke und rechte Seite hochnehmen und hinlegen. So lernt Ihr Baby, seinen Kopf auf beiden Seiten gut auszubalancieren.

Auch im Alltag hilfreich

Beweglicher Kopf und flinke Augen

In den ersten drei Monaten lernt Ihr Baby zuerst, etwas genau zu betrachten: Zum Beispiel Mamas oder Papas Gesicht oder einen Gegenstand. Kurze Zeit später kann es das interessante »Objekt« auch mit den Augen verfolgen, wenn es sich bewegt.

Schließlich folgt Ihr Baby dem Spielzeug nicht nur mit Blicken, sondern dreht auch seinen Kopf

Babys Blickfeld erweitert sich

TIP!

Viele Erwachsene versuchen, ein weinendes Baby zu beruhigen, indem sie eine Rassel hektisch über seinem Gesicht bewegen. Meist mit dem Ergebnis, daß das Baby noch mehr schreit. Besser: Zeigen Sie nur Ihr Gesicht – oder ein Spielzeug – und sprechen Sie beruhigend mit Ihrem Kind.

mit, wenn der Gegenstand von einer Seite zur anderen bewegt wird. Mit den folgenden Anregungen können Sie diese Entwicklung unterstützen.

Wer ist denn da?

Ein Gesicht fixieren
▶ Ihr Baby liegt auf dem Rücken. Sie zeigen ihm in einem Abstand von 20 bis 25 Zentimetern Ihr Gesicht, reden mit ihm und lächeln es an.

Was tut Ihr Baby?
▶ Ihr Baby wird versuchen, Ihre Augen oder Ihren Mund anzuschauen. Anfangs gelingt ihm das nur kurze Zeit. Wenn Ihrem Kind das Spiel zu anstrengend wird, wendet es die Augen ab.

... und später?
▶ Später betrachtet es Ihr Gesicht immer länger.

Jetzt gibt's was zu sehen!

Ein Spielzeug fixieren
▶ Sie brauchen ein Spielzeug, etwa einen roten Greifring.

▶ Zeigen Sie Ihrem Kind das Spielzeug.

▶ Ihr Baby wird das interessante Objekt anschauen. Anfangs nur kurz, mit der Zeit immer länger. Schließlich wendet es seine Augen ab – Zeit für etwas anderes!
Was tut Ihr Baby?

Wo ist es hin?

▶ Nehmen Sie wieder ein kleines Spielzeug – zum Beispiel einen roten Greifring – zur Hand.
Einem Spielzeug nachschauen

▶ Sie können das Spielzeug (oder Ihr Gesicht) langsam vor den Augen Ihres Babys hin und her bewegen.

▶ Ihr Kind hat jetzt die Möglichkeit, das Spielzeug mit den Augen zu verfolgen. Bewegen Sie das Spielzeug nur so weit zur Seite, wie Ihr Baby ihm nachschaut.
Was tut Ihr Baby?

▶ Später dreht Ihr Kind auch seinen Kopf in die Richtung, in die sich der Gegenstand bewegt, wenn es ihn sehen will.
... und später?

Nach einigen Wochen können Sie das Spielzeug auch von oben nach unten – also zu Babys Füßen hin – und wieder zurück in Richtung Kopf bewegen. **Wichtig:** Nur langsam bewegen und nur so weit, wie Ihr Baby mit Augen und Kopf folgen kann. Gegen Ende des dritten Monats können Sie das Spielzeug auch langsam über dem Gesicht Ihres Babys kreisen lassen.

Schaukelpartie à la Mama

Auf den Oberschenkeln schaukeln

Setzen Sie sich auf den Boden, mit dem Rücken lehnen Sie sich gegen die Wand (mit einem Kissen zwischen der Wand und Ihrem Rücken ist es bequemer). Winkeln Sie Ihre Beine etwas an, und legen Sie Ihr Baby mit dem Rücken auf Ihre Oberschenkel. Sein Kopf liegt auf Ihren Knien und sein Po in Ihrem Schoß. Babys Beine sind angewinkelt.

In dieser Position spielen Sie mit Ihrem Baby: Sie können ihm die vorher beschriebenen Spiele anbieten. Durch den engen Körperkontakt entsteht dabei eine besonders innige Atmosphäre zwischen Ihnen und Ihrem Baby.

Interessante Variation

Wenn Sie nun Ihre Beine nach rechts und links bewegen – also leicht schaukeln –, wird Ihr Baby versuchen, die Lageveränderung auszugleichen, indem es seinen Kopf hin und her balanciert.

In dieser Haltung (ohne Schaukelbewegung) kann Ihr Baby sich auch ausruhen, beispielsweise nach einem etwas anstrengenderen Spiel.

Übrigens ...

Einmal hin – einmal her ...

Ihr Baby liegt auf dem Rücken. Reichen Sie ihm Ihre Zeigefinger. Wenn Sie spüren, daß Ihr Baby beide Zeigefinger festhält, bewegen Sie Ihre Hände vorsichtig zur Seite. Schaut Ihr Baby gerade nach links, führen Sie die Finger erst in diese Richtung, danach nach rechts. **Wichtig:** Reichen Sie Ihrem Baby wirklich nur die Finger! Halten Sie es auf keinen Fall an den Handgelenken fest!

Den Kopf drehen

Ihr Baby wird mit Blicken und Kopfbewegungen Ihren und seinen Händen folgen und seinen Kopf dabei selbständig drehen.

Was tut Ihr Baby?

Kopf hoch – in jeder Lage

Ihr Baby liegt auf dem Rücken. Fassen Sie es im Schalengriff, und nehmen Sie es seitlich hoch (beide Griffe siehe Seite 44). Halten Sie Ihr Baby waagerecht einige Sekunden lang ungefähr 10 bis 20 Zentimeter hoch.

Den Kopf in Seitenlage halten

Ihr Baby »schwebt« waagerecht in der Luft.

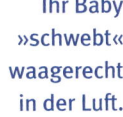 In dieser waagerechten Lage kann das Kind seinen Kopf für eine kurze Zeit ganz ohne Unterstützung halten. Ihr Baby wird vielleicht dabei stöhnen, um Ihnen zu sagen: »Oh, ist das anstrengend, aber ich schaffe es ganz allein!«

▶ Legen Sie Ihr Kind wieder über die Seite ab.

Balanceakt für Kleine

Kopf bei seitlichen Bewegungen ausbalancieren

▶ Fassen Sie Ihr auf dem Rücken liegendes Baby im Schalengriff, und heben Sie es über die Seite hoch (beide Griffe auf Seite 44). In dieser senkrechten Haltung können Sie sich mit Ihrem Kind »unterhalten« – dabei kann es seinen Kopf selber ausbalancieren.

▶ Sie können Ihr Baby dann leicht nach links und rechts neigen, und es hält in der Seitenlage seinen Kopf und auch die Beine.

Babys wilde Hängematte

▶ Dieses Spiel können Sie schon Ihrem zwei Monate alten Baby anbieten, es ist aber ein »Dauerbrenner«: Auch größere Babys und Kleinkinder lieben es!

▶ Für dieses Spiel brauchen Sie eine Babydecke – und Sie müssen zu zweit sein: Denn Mama und Papa schaukeln gemeinsam ihr Baby in der Decke!

▶ Legen Sie Ihr Baby in Rückenlage auf die Decke. Fassen Sie nun die Decke an den Ecken –

Neigen Sie Ihr Kind leicht, während Sie mit ihm sprechen.

In der Decke schaukeln

Was Sie brauchen ...

einer die beiden Ecken am Kopf-, der andere die am Fußende – und heben Sie Decke und Baby vorsichtig hoch. Beobachten Sie die Reaktionen des Babys genau, und sprechen Sie auch während des Schaukelns mit ihm. Wenn Sie das Gefühl haben, daß es ihm in der Decke gefällt, können Sie nun langsam nach beiden Seiten schaukeln. Es ist wichtig, daß Sie gerade anfangs Ihr Baby nur langsam und vorsichtig schaukeln, denn es hat in der Decke ein anderes Körpergefühl.

Hoppla! In dieser ungewohnten Situation gibt Ihr Lächeln dem Baby Sicherheit!

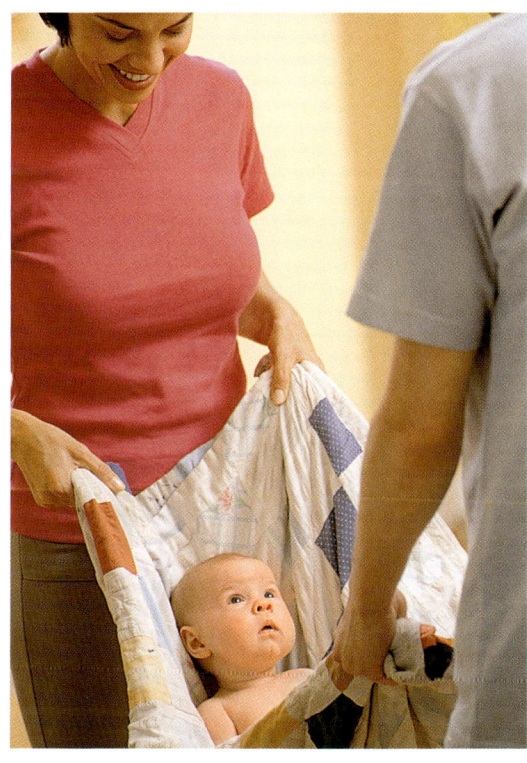

▶ Versuchen Sie es doch mal mit einer sanften Schaukelrunde – sie wirkt beruhigend auf Ihr Kind.

Übrigens ...

▶ Je älter Ihr Baby wird, um so schneller und wilder will es bestimmt geschaukelt werden! Mit etwa einem Jahr mögen viele Kinder auch folgende Variation: Nach dem Schaukeln »werfen« Sie Ihr Kind auf das weiche Bett!

... und später?

Greifen, strampeln, treten: Spiele für Hände und Füße

In den ersten zwei bis drei Monaten kann Ihr Baby noch nicht bewußt greifen. Es übt jedoch unermüdlich. Aus den zufälligen Greifversuchen wird mit der Zeit mehr und mehr ein bewußtes Zugreifen. Die folgenden Anregungen unterstützen die Beweglichkeit der Hände und Füße.

Schöne Streicheleinheiten

▶ Streicheln Sie sanft die Außenseite der Hände oder die Handrücken Ihres Babys.

Die Hände sanft öffnen

▶ Ihr Kind öffnet daraufhin seine Hände – und schließt sie wieder. Beide Reaktionen sind noch nicht bewußt gesteuert, sondern beruhen auf angeborenen Reflexen (siehe Seite 20 f.).

Was tut Ihr Baby?

▶ Wenn Ihr Baby sein Fäustchen öffnet, können Sie Ihren Finger hineinlegen. So spürt es Ihre Wärme in seiner Hand.

Interessante Variation   ▶ Legen Sie später gut greifbare Spielsachen oder Gegenstände aus unterschiedlichen Materialien in die Hand Ihres Babys (zum Beispiel ein weiches Tuch oder einen harten Holzring). So sammelt Ihr Kind Erfahrungen mit verschiedenen Materialien.

Erste Greifversuche ...

Greifen in Rückenlage   ▶ Sie brauchen ein kleines Spielzeug (zum Beispiel einen Ring mit Bändchen, siehe Seite 88).

▶ Zeigen Sie Ihrem auf dem Rücken liegenden Baby einen kleineren, gut greifbaren Gegenstand. Halten Sie ihn in ungefähr 20 bis 30 Zentimeter Entfernung vor die Augen Ihres Kindes.

▶ Ihr Baby macht wahrscheinlich zuerst spontane Armbewegungen, berührt den Gegenstand irgendwann zufällig, greift ihn und läßt ihn wieder los.

Was tut Ihr Baby?

▶ Gegen Ende des dritten Monats werden die anfangs meist vergeblichen Greifversuche Ihres Babys immer willkürlicher und zielgerichteter.

... und später?

Kitzlige Gymnastik

▶ Berühren Sie die Ferse Ihres Babys mit Ihrem Finger.

Ein Spiel für Babys Zehen

▶ Wahrscheinlich spreizt Ihr Baby seine Zehen. Wenn Sie die Fußsohle in der Nähe der Zehen berühren, krümmt es die Zehen.

Was tut Ihr Baby?

▶ Gerade in den ersten Monaten haben Babys fast ständig kalte Füße. Bei diesem Spiel wird ganz nebenbei die Durchblutung angeregt: Die Füßchen Ihres Kindes erwärmen sich.

Zusatztip!

Zu Fuß gegen den Ball

▶ Sie brauchen einen Wasserball (Durchmesser 30 Zentimeter).

Gegen einen Wasserball treten

▶ Befestigen Sie den Ball an einer kurzen Schnur (siehe Kasten auf der nächsten Seite!). Halten Sie ihn nun an Babys Fußsohle – nicht über seine Beine.

Was tut Ihr Baby?
▶ Ihr Baby spürt den Ball und fängt wahrscheinlich an, lebhaft dagegen zu treten. In den ersten Wochen können Sie Ihre flache Hand unterstützend unter Babys Po legen – so wird es leichter. **Wichtig:** Achten Sie darauf, daß Sie den Ball nicht über das Gesicht des Babys halten. Der große Gegenstand macht Ihrem Baby Angst, vor allem, wenn er plötzlich auftaucht.

Bäuchlings – so wird's leichter

Spiele, die die Bauchlage erleichtern
Babys liegen meist nicht so gern auf dem Bauch, weil es ihnen noch schwerfällt, ihren Kopf hochzuhalten. Für das spätere Krabbeln ist es jedoch wichtig, daß Sie Ihr Baby öfter auf den Bauch legen, wenn es wach ist – von allein kann es sich in diesem Alter weder auf den Bauch noch auf den Rücken drehen. Mit den folgenden Anregungen machen Sie die Bauchlage für Ihr Baby sicher etwas »attraktiver«!

Faszinierend: große Dinge ganz allein bewegen!

Auge in Auge

▶ Legen Sie sich mit dem Rücken auf den Boden. Eine Nackenrolle oder ein Kopfkissen unter Ihrem Kopf macht es Ihnen bequemer. Legen Sie jetzt Ihr Baby bäuchlings auf Ihren Oberkörper, so daß es mit seinem Oberkörper auf Ihrer Brust liegt und Sie anschaut.

Auf Mamas Bauch liegen

> **WICHTIG**
> Der Wasserball sollte nur eine Außennaht haben. Die Nähte würden sonst nämlich nur unangenehm auf Babys Haut drücken. Der Ball darf gern bunt sein, sollte aber kein zu unruhiges Muster haben.
> Ihr Baby dreht sich zwar im ersten Vierteljahr noch nicht um – achten Sie jedoch trotzdem jetzt schon darauf, daß die Schnur am Wasserball nicht länger als etwa 15 Zentimeter ist. Sonst besteht später die Gefahr, daß Ihr Baby mit dem an der Schnur befestigten Ball spielt und sich dabei vom Rücken auf den Bauch dreht. Dann könnte sich im schlimmsten Fall die Schnur um den Hals Ihres Kindes wickeln!

▶ Diese Lage ist für Ihr Baby ein Anreiz, den Kopf etwas höher zu halten und sich abzustützen. Gleichzeitig bietet sich dieses Spiel zu einem Zwiegespräch an.

Das tut gut!

Babys Rücken streicheln

▶ Legen Sie Ihr Baby auf den Bauch. Streichen Sie nun immer wieder vom Hinterkopf bis zum Po sanft mit Ihrer flachen Hand über Babys Rücken.

Was tut Ihr Baby?

▶ Durch den sanften Druck, vor allem auf dem Po, hebt schon Ihr Neugeborenes kurz den Kopf hoch – mit dem Gefühl: »Ich habe es geschafft!«

Bequem auf Papas Arm

Auf Papas Unterarm liegen

▶ Ihr Baby liegt auf dem Bauch. Legen Sie sich in die Seitenlage – Ihrem Baby zugewandt –, wobei Sie Ihren Kopf am besten mit einem Kissen abstützen. Sie liegen leicht diagonal zu Ihrem Baby (siehe Foto). Schieben Sie nun Ihren Unterarm unter den Brustkorb Ihres Babys, so daß es bequem darauf liegen kann. Seine Oberarme befinden sich dabei vor Ihrem Unterarm, so fällt es Ihrem Kind leichter, den Kopf zu heben.

▶ Ihr Baby stützt sich dabei ebenfalls auf seine Unterarme.

▶ Der direkte Körperkontakt – Babys nackter Oberkörper auf Ihrem Unterarm – ist für Ihr Kind ein zusätzlicher Anreiz, länger in der Bauchlage zu bleiben: Gelegenheit für eine kleine »Unterhaltung«!

Beruhigend: Ausruhen auf Papas starkem Arm.

So geht's auch!

▶ Sie brauchen ein Handtuch oder eine Babydecke.

Auf einer Rolle liegen

▶ Die vorhergehende Anregung können Sie später auch verändern, indem Sie ein Tuch so zusammenrollen, daß der Durchmesser etwa dem Ihres Unterarms entspricht. Legen Sie Ihr Baby bäuchlings darauf: Babys Brust liegt dabei auf der Rolle, seine beiden Arme davor.

Interessante Variation

▶ Wenn Sie Babys Rücken wieder mehrmals sanft vom Nacken bis zum Po streicheln, fällt es Ihrem Kind leichter, seinen Kopf oben zu behalten.

Hin- und herschaukeln auf dem »Ballmobil«!

Auf dem Wasserball abstoßen

▶ Sie brauchen einen Wasserball mit einem Durchmesser von maximal 30 Zentimetern.

Auf so einem Ball sieht Ihr Baby alles aus ganz neuer Perspektive!

▶ Legen Sie Ihr Baby bäuchlings auf den Wasserball, so daß es mit dem Brustkorb auf dem Ball liegt. Seine Füße berühren den Boden. Wichtig ist, daß Sie Ihr Baby ganz sicher im Schalengriff (Seite 44) halten. Bewegen Sie Ihr Kind jetzt auf dem Ball liegend leicht vor und zurück.

▶ Ihr Baby beginnt sich sicher bald selbst begeistert mit den Füßen abzustoßen. Auch Babys, die eigentlich überhaupt nicht gern auf dem Bauch liegen, halten bei diesem Spiel oft den Kopf hoch und schauen interessiert umher.

Was tut Ihr Baby?

▶ Später können Sie Ihr Kind auf dem Ball auch etwas nach rechts und links bewegen. Achten Sie aber immer darauf, daß Ihr Baby das Tempo bestimmt und nicht Sie!

... und später?

Erste Tragespiele

Säuglinge sind auch »Traglinge«. Im ersten Lebensjahr möchten Babys viel herumgetragen werden. Befindet sich ein kleines Kind oft am Körper der Mutter oder des Vaters, fördert das außerdem auch seine geistige Entwicklung.

Die folgenden Tragespiele unterstützen darüber hinaus die Eigenaktivität Ihres Babys, besonders die aktive Kopfhaltung. Probieren Sie alle Anregungen zuerst auf dem Boden sitzend oder kniend aus. Wenn Ihr Baby die Position kennt und Sie sich sicher fühlen, können Sie schließlich auch so mit Ihrem Kind in der Wohnung umhergehen. Bitte bewegen Sie sich dabei aber nicht zu schnell.

WICHTIG

Wenn Sie Ihr Baby viel tragen, fördern Sie seine Entwicklung. Im Alltag tragen Sie Ihr Baby sicher ohnehin häufig. Das gefällt Ihrem Kleinen: Und doch spürt es, ob es aus »praktischen« Gründen im Alltag getragen wird – etwa weil Sie schnell mit dem Baby auf dem Arm zur Tür laufen müssen – oder ganz bewußt. Für die hier beschriebenen Tragespiele brauchen Sie Zeit und Muße. Wenn es schnell gehen muß, braucht Ihr Baby jedoch das Gefühl, daß es sicher von Ihnen gehalten wird. Für solche alltäglichen Situationen eignen sich diese Tragespiele, die die Eigenaktivität Ihres Babys fördern, deshalb nicht!

Was passiert da hinter Papas Rücken?

Tragen mit Blick über die Schulter
▶ Legen Sie Ihr Baby mit seinem Oberkörper auf Ihre Schulter. Schieben Sie es jetzt noch etwas höher. Ihr Baby schaut nun über Ihre Schulter, beide Arme liegen auf Ihrer Schulter. Liegt es auf Ihrer linken Schulter, schieben Sie jetzt Ihren linken Unterarm unter Babys Po. Mit der anderen Hand stützen Sie den Rücken in Höhe der Schulterblätter ab.

Was tut Ihr Baby?
▶ Ihr Kind kann seinen Kopf jetzt selbst ausbalancieren. **Wichtig:** Ihr Baby »sitzt« nur symbolisch auf Ihrem Unterarm, sein Gewicht halten Sie mit der anderen Hand auf Babys Rücken.

Alles im Blick

▶ Nehmen Sie Ihr Baby seitlich hoch (siehe Seite 44), so daß es mit dem Rücken an Ihrer Brust liegt. Legen Sie Ihren Unterarm unter Babys Po. Damit es wieder nur symbolisch »sitzt« stützen Sie mit der anderen Hand sanft seine Brust und halten so sein Körpergewicht.

Tragen mit Blick in den Raum

▶ Ihr Baby versucht auch in dieser Position, den Kopf selbständig auszubalancieren.

Anfangs noch etwas ungewohnt: Ihr Baby spürt, daß Sie es halten, ohne daß es Sie sieht.

Ganz schön schräg:
Quer vor Mamas Bauch

Waagerecht vor dem Bauch tragen

▶ Fassen Sie Ihr auf dem Rücken liegendes Baby mit dem Schalengriff. Heben Sie es über die Seite hoch, so daß es nun waagerecht vor Ihrem Bauch in der Luft liegt: Babys Rücken berührt dabei Ihren Bauch, und Ihr Kind schaut aus dieser waagerechten Lage geradeaus nach vorn – und nicht nach oben, wie sonst üblich. Fassen Sie Ihr Baby jetzt so, daß sein Kopf auf Ihrem Arm liegt. Mit der

So sieht die Welt ganz anders aus.

anderen Hand halten Sie seinen Körper fest (siehe Foto).

▶ Ihr Baby wird seinen Kopf dabei mehr und mehr selbständig halten können!

Was tut Ihr Baby?

▶ Wenn Ihr Baby fast drei Monate alt ist und diese anfangs etwas ungewohnte Tragehaltung besser kennt, können Sie Ihren Arm unter seinem Kopf vorsichtig etwas nach unten bewegen. Vielleicht kann Ihr Baby so seinen Kopf für einige Sekunden allein halten!

... und später?

Bäuchlings fliegen

▶ Fassen Sie Ihr Baby wieder im Schalengriff, und nehmen Sie es über die Seite hoch (Seite 44). Der Brustkorb Ihres Babys liegt auf Ihrem Unterarm, beide Arme ragen über Ihren Unterarm hinaus. Mit der anderen Hand stützen Sie von unten Babys Bauch.

In Bauchlage tragen

▶ Auch bei dieser Anregung balanciert Ihr Baby den Kopf selbst.

Was tut Ihr Baby?

▶ Wichtig für kleine Jungen: Führen Sie den Arm, mit dem Sie den Bauch Ihres Babys stützen, nicht zwischen seinen Beinen hindurch. So drückt er möglicherweise unangenehm auf seine Hoden. Besser ist es, wenn Sie Babys Bauch seitlich fassen.

Zusatztip!

Spiele für das zweite Vierteljahr

An den meisten Spielen aus den ersten drei Monaten wird Ihr Baby nach wie vor große Freude haben: Es wird die Bewegungen immer differenzierter ausführen und aktiver dabei werden. Besonders beliebte »Dauerbrenner« sind erfahrungsgemäß die Spielanregungen mit dem Wasserball: Wenn Ihr Kind fünf oder sechs Monate alt ist, brauchen Sie dann bestimmt einen größeren Ball – mit einem Durchmesser von etwa 40 Zentimetern. Schließlich ist Ihr Baby jetzt schon tüchtig gewachsen!

Ein größerer Ball muß her

▶ Ihr Baby liegt auf dem Rücken. Sie zeigen ihm den Wasserball, der an einer Schnur befestigt ist (siehe auch Seite 50f.). Halten Sie den Ball über Babys Brust, nicht über sein Gesicht!

▶ Anfangs berührt Ihr Baby den Ball sicher nur zufällig. Später schlägt es mit den Händen danach. Dann ertastet es den Ball vorsichtig und beginnt schließlich, ihn zu umfassen.

▶ Im fünften oder sechsten Monat greift Ihr Baby den Ball mit Händen und Füßen.

Was tut Ihr Baby?

Spiele mit dem Wasserball lieben die meisten Babys!

Noch mehr Spiele für Hände und Füße

Damit die kleinen Hände Ihres Kindes immer beweglicher werden, sollten Sie ihm wechselnde »Greifmöglichkeiten« anbieten: In Bauch- oder Rückenlage, nach kleineren und nach größeren Gegenständen.

Das ist riesig – mit großen Sachen spielen

In Rückenlage nach großen Sachen greifen

▶ Sie brauchen für dieses Spiel einen Wasserball.

▶ Für Ihr Baby ist es eine tolle Erfahrung, daß es den großen Wasserball allein halten kann!

Kaum zu fassen – spielen mit kleinen Gegenständen

In Rückenlage nach kleinen Dingen greifen ▶ Sie benötigen eine Schnur, an der verschiedene kleine Gegenstände hängen (wie Sie dieses Spielzeug selbst herstellen, lesen Sie auf Seite 89).

▶ Zeigen Sie Ihrem auf dem Rücken liegenden Baby die Spielzeugschnur.

Was tut Ihr Baby? ▶ Anfangs greift es mit der ganzen Hand nach den Spielsachen.

... und später? ▶ Mit etwa einem halben Jahr faßt Ihr Kind über seinen Körper hinweg diagonal zur anderen Seite (also mit der linken Hand nach rechts und umgekehrt). Später greift es mit gestrecktem Daumen, Zeige- und Mittelfinger.

Zeigt her eure Füßchen ...

Mit den Füßen spielen Mit etwa sechs Monaten betastet Ihr Baby häufig seine Füße und spielt mit ihnen. Dabei zieht es wieder und wieder seine Socken aus: Was Eltern eher nervt, ist für das Kind ein wichtiger Entwicklungsschritt. Beim Spiel mit seinen Füßen dehnt es die Lendenwirbelsäule und

trainiert die Bauchmuskeln – gut für das spätere Sitzen. Lassen Sie Ihr Baby möglichst oft nackt spielen, es ist nämlich ohne Kleidung viel beweglicher!

▶ Sie brauchen einen leichten Gegenstand, zum Beispiel einen bunten Becher oder eine farbige Kindersocke. **Was Sie brauchen**

▶ Den Bewegungsdrang Ihres Babys können Sie unterstützen, indem Sie Becher oder Socke über einen seiner Füße stülpen.

▶ Ihr Baby wird sich bestimmt angestrengt bemühen, die Socke oder den Becher von seinem Fuß zu ziehen, um diesen interessanten Gegenstand ganz genau zu untersuchen. **Was tut Ihr Baby?**

▶ Gerade etwas »rundlicheren« Babys macht es oft Mühe, Hände und Füße zusammenzubringen oder die Füße in den Mund zu stecken. Bei diesem Spiel werden die Füße interessanter – das entschädigt für die Anstrengung und fördert Babys Entwicklung!

Bäuchlings spielen

Spielend auf dem Bauch liegen
Auch im zweiten Vierteljahr haben viele Babys Schwierigkeiten, auf dem Bauch zu liegen. Bei den folgenden Spielen wird Ihr Kind sicher gern in Bauchlage bleiben.

Guck mal, was da liegt!

In Bauchlage nach Spielzeug greifen
Ihr Baby findet es interessant, in Bauchlage Spielsachen zu betrachten und mit ihnen zu hantieren: liegende Spielsachen »verhalten sich« anders als hängende!

▶ Sie brauchen ein kleineres Spielzeug, etwa einen Greifring.

▶ Ihr Baby liegt auf dem Bauch. Legen Sie den Greifring vor Ihr Kind auf den Boden.

Was tut Ihr Baby?
▶ Wenn Ihr Baby das Spielzeug nehmen möchte, muß es Oberkörper und Kopf »einarmig« ausbalancieren, während es mit einer Hand nach dem Ring greift.

... und später?
▶ Später liegt es so sicher, daß es den Ring mit beiden Händen anfassen kann.

Zur Sache, Papa: Ein Gespräch in Bauchlage

Einander in Bauchlage gegenüberliegen
▶ Ihr Baby liegt auf dem Bauch, Sie legen sich ihm – ebenfalls in Bauchlage – gegenüber.

▶ So kann Ihr Baby Ihr Gesicht sozusagen auf gleicher Höhe betrachten. Da bleibt es sicher gern länger auf dem Bauch liegen! Bewegen Sie Ihren Kopf langsam hin und her: Ihr Baby folgt Ihrer Bewegung mit seinem Kopf.

Was tut Ihr Baby?

▶ Sie können Ihrem Baby auch ein Spielzeug zeigen, das Sie langsam hin und her bewegen.

Interessante Variation

▶ Sie werden dabei sicher spüren, wie anstrengend es ist, auf dem Bauch zu liegen – eben deshalb liegen Babys anfangs so ungern bäuchlings.

Übrigens ...

Auf der schiefen Bahn?

Mag Ihr Babys gar nicht auf dem Bauch liegen, versuchen Sie es mal mit einer schiefen Ebene.

Auf einer schrägen Ebene liegen

▶ Ein Keilkissen eignet sich für die folgenden Spiele. Sie können aber auch mit einer festen Matratze oder einem Brett eine schräge Ebene bauen: Schieben Sie ein zusammengerolltes Handtuch oder eine Decke (Durchmesser der Rolle 5 bis 10 Zentimeter) unter ein Ende.

▶ Es gibt auch schiefe Ebenen aus festem Schaumstoff zu kaufen, diese sind allerdings relativ teuer. Vielleicht lohnt sich die Anschaffung trotzdem, denn Ihre

Zusatztip!

So können Sie die schiefe Ebene später noch einsetzen:

▶ Wenn Ihrem Baby der letzte »Kick« fehlt, um sich vom Rücken auf den Bauch zu drehen, können Sie es quer auf die schiefe Ebene legen.

▶ Krabbelkinder benutzen gern »schiefe« Matratzen, um rauf- und runterzukrabbeln. Und sicher macht es Ihrem Kind auch Spaß, Bälle herunterrollen zu lassen.

▶ Wenn Ihr Baby laufen gelernt hat, geht es gern »bergauf und bergab«. Vorsicht: Beim ersten »Abwärtslauf« braucht es wahrscheinlich Ihre unterstützende Hand, denn das Tempo wird sicher recht rasant!

▶ Mit zwei Jahren versucht Ihr Kind seine ersten Purzelbäume darauf.

▶ Auch ältere Kinder lieben es, auf einer solchen schiefen Ebene zu turnen.

Kinder werden sicher noch lange Freude daran haben (siehe Kasten oben). Möglicherweise können Großeltern oder Taufpaten dieses Spielzeug schenken?

▶ Legen Sie Ihr Baby bäuchlings auf die schräge Ebene: So wird die Bauchlage interessanter.

Übers Knie gelegt

Quer auf Mamas Beinen liegen ▶ Setzen Sie sich mit gestreckten Beinen auf den Boden, und legen Sie Ihr Baby quer über Ihre Oberschenkel. Eine Hand legen Sie auf Babys Po – so geben Sie

Ihrem Kind zusätzlich Halt. Direkter Körperkontakt motiviert Ihr Baby, länger auf dem Bauch zu liegen – auf Ihren nackten Beinen fühlt es sich besonders wohl!

... und dabei noch spielen!

▶ Nach einiger Zeit stützt Ihr Baby sich in dieser Lage mit den Händen auf dem Boden ab. **Wichtig:** Wenn Ihr Kind den Fußboden dabei nicht erreichen kann, legen Sie es statt dessen auf Ihre Unterschenkel. Wichtig ist, daß Ihr Baby mit den Händen auf den Boden kommt und sich gut abstützen kann.

Quer auf Mamas Beinen liegen und spielen

▶ Dieses Spiel wird noch reizvoller, wenn Sie ein Spielzeug vor Ihr Kind auf den Boden legen.

Auf dem Bauch liegen wird so viel spannender!

Was tut Ihr
Baby?

▶ Jetzt wird Ihr Baby mit einer Hand nach dem Spielzeug greifen und es aufheben, während es sich mit der anderen Hand abstützt.

Der richtige Dreh

Das Baby
verändert
selbst seine
Lage

Ihr Baby bleibt mit vier bis sechs Monaten meist noch so liegen, wie Sie es hingelegt haben: sei es auf dem Rücken oder auf dem Bauch. Helfen Sie ihm jedoch mit einer kleinen einleitenden Bewegung, kann es seine Lage selbst ändern und die Umgebung aus anderer Perspektive betrachten.

Vom Rücken auf die Seite – und dann auf den Bauch

In die
Seitenlage
und auf den
Bauch
drehen

▶ Bieten Sie Ihrem auf dem Rücken liegenden Baby einen Zeigefinger an – nicht am Handgelenk festhalten (siehe auch Spielanregung auf Seite 47)! Wenn Sie spüren, daß Ihr Baby Ihren Finger fest umklammert, bewegen Sie Ihre Hand zur Seite.

Was tut Ihr
Baby?

▶ Die weitere Bewegung führt Ihr Baby selbst aus: Es dreht sich, bis es auf der Seite liegt.

... und
später?

▶ Irgendwann wird sich Ihr Baby dabei weiter drehen, bis es schließlich auf dem Bauch liegt – mit dem stolzen Gefühl: »Ich habe es fast allein geschafft!«

▶ Oft bleibt dabei ein Unterarm unter Babys Bauch. Wenn Sie jetzt seinen Rücken mehrmals sanft mit der flachen Hand vom Nacken bis zum Po streicheln, zieht es vielleicht seinen Arm selbst unter dem Körper hervor.

Zusatztip!

Drehen an den Ringen

Ihr Baby kennt die vorher beschriebene Anregung schon? Dann versuchen Sie diese!

Sich mit Hilfe von Greifringen umdrehen

▶ Sie brauchen einen Greifring.

▶ Ihr Baby liegt auf dem Rücken, Sie geben ihm den Greifring in eine Hand. Wenn Ihr Kind nach links schaut, geben Sie den Ring in seine rechte Hand. Fassen Sie behutsam den Ring, und bewegen Sie ihn etwas nach links.

▶ Auch bei diesem Spiel bestimmt Ihr Baby, ob es sich auf die Seite oder weiter bis auf den Bauch drehen möchte.

Mit dem richtigen Dreh auf der schiefen Bahn

▶ Legen Sie Ihr Baby quer auf die schräge Ebene – so kommt ihm die Schwerkraft zu Hilfe, und es fällt ihm sicher leichter, sich auf die Seite oder sogar auf den Bauch zu drehen (siehe Kasten Seite 59).

Auf schräger Ebene drehen

»Fliegen« – was kann schöner sein?

Seitlich neigen ▶ Sie knien oder stehen – je nachdem, was für Sie bequemer ist! Fassen Sie Ihr auf dem Rücken liegendes Kind mit dem Schalengriff, und heben Sie es über die Seite so hoch, daß Sie sich in die Augen sehen können. Neigen Sie Ihr Baby nun langsam etwas nach links und rechts – aber nur so weit, wie es seinen Kopf selbst ausbalancieren kann. Folgen Sie der Bewegung mit Ihrem Kopf, und sprechen Sie dabei mit Ihrem Baby.

Was tut Ihr Baby? ▶ Ihr Baby muß den Kopf halten und genießt das »aufregende« Körpergefühl in der Luft.

▶ Ihr Baby kennt dieses Spiel schon aus dem ersten Vierteljahr (siehe Anregung Seite 48). Jetzt können Sie es schon so weit zur Seite neigen, daß es waagerecht in der Luft liegt, oder Sie neigen es nach vorn, Ihrem Gesicht zu.

Reich mir den Finger – so seh' ich mehr von der Welt

Sich an den Fingern hochziehen Sie haben vielleicht beobachtet, daß Ihr Baby in der Rückenlage ab und zu den Kopf hebt. Viele Eltern meinen dann, ihr Kind möchte sitzen. Ihr Baby möchte jetzt – mit vier bis fünf Monaten

– jedoch nur die Umgebung aus etwas anderer Perspektive sehen: Sitzen will es von sich aus nicht! Mit folgender Anregung befriedigen Sie spielerisch Babys Bedürfnis nach einer neuen Perspektive.

Zum Sitzen ist es jetzt noch zu früh!

▶ Reichen Sie Ihrem auf dem Rücken liegenden Baby beide Zeigefinger. Wenn es die Finger umfaßt, ziehen Sie etwas – dabei spüren Sie selbst, ob Ihr Baby sich weiter hochzieht. Wie hoch Ihr Baby kommt, bestimmt es selbst. Anfangs hebt es wahrscheinlich nur den Kopf etwas von der Unterlage.
Wichtig: Die Arme Ihres Babys sind beim Hochziehen gebeugt. Ist das nicht der Fall, »arbeiten« Sie und nicht Ihr Baby – das ist nicht der Sinn dieses Spiels!

Ihr Baby muß sich bei diesem Spiel ganz schön anstrengen – der Erfolg belohnt es dafür!

Außerdem beachten Sie bitte: Sie reichen Ihrem Kind nur die Finger – bitte umfassen Sie nicht seine Handgelenke!

Zusatztip!

▶ Wenn Sie spüren, daß der Händedruck Ihres Babys nachläßt, halten Sie zusätzlich mit Ihren Daumen seine Handrücken, damit es nicht nach hinten fällt.

... und später?

▶ Später zieht sich Ihr Baby fast bis in die Sitzposition hoch. **Wichtig:** Lassen Sie Ihr Kind nur wenige Sekunden in dieser Position, und legen Sie es gleich wieder über die Seitenlage ab.

TIP!

Achten Sie darauf, daß sich Ihr Baby nicht gerade, sondern eher etwas seitlich hochzieht. Ziehen Sie dafür einfach mit einem Finger etwas stärker als mit dem anderen. Dann geht es über die andere Seite wieder zurück. So entsteht ein fließender Bewegungsablauf.

Stark an den Ringen!

Sich mit Hilfe der Ringe hochziehen

▶ Für dieses Spiel benötigen Sie zwei Greifringe (Durchmesser etwa 10 Zentimeter).

▶ Wenn Ihr Baby die vorherige Anregung schon gut kennt, können Sie ihm statt Ihrer Finger in jede Hand einen Holzring geben.

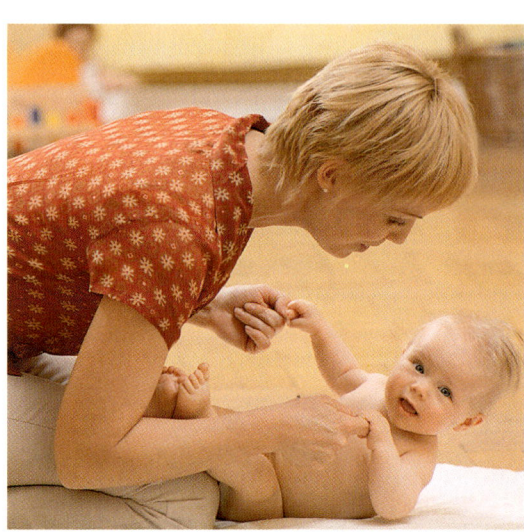

Die Ringe halten Sie jetzt mit einer Hand. Die andere Hand halten Sie hinter Babys Rücken, damit es nicht umfällt, falls es loslassen sollte.

Legen Sie Ihr Kind nach diesem Spiel etwas seitlich wieder ab.

▶ Jetzt hat Ihr Baby das Gefühl, daß es die Bewegung fast allein ausführt, und das verstärkt sein Selbstvertrauen noch mehr!

▶ Sie können Ihrem Baby anstelle der Ringe auch einen langen Holzlöffel oder einen geraden Holzkleiderbügel reichen.

Interessante Variation

Hoch hinaus – Ihr Baby kommt in die Senkrechte

Irgendwann wird Ihr Baby versuchen, sich aus eigener Kraft in den Stand zu stemmen.

Zum Stehen hochziehen

► Verfahren Sie bei diesem Spiel ebenso wie bei den beiden vorher beschriebenen: Reichen Sie Ihrem Baby Ihre beiden Zeigefinger oder einen geeigneten Gegenstand (zum Beispiel zwei Holzgreifringe oder einen Kochlöffel). Ihr Baby zieht sich hoch bis in den Stand, Sie bringen es rasch in die liegende Position zurück – und das Ganze gleich noch einmal von vorn!

Lassen Sie Ihr Baby nicht stehen, sondern legen Sie es sofort wieder ab!

► Auch bei diesem Spiel soll Ihr Baby immer nur wenige Sekunden im Stehen verharren – dann gleich wieder hinlegen.

Gesunde Babys – trainierte Eltern!

Hopsen auf Mamas oder Papas Schoß – dieses Spiel ist eine echte Alternative zu den handelsüblichen »Babyhopsern«, in denen die Babys wenig Halt haben und oft nur mit der Fußspitze den Boden berühren: Diese Haltung schadet dem Rücken Ihres Babys und begünstigt Fehlstellungen der Füße. Außerdem kann Ihr Kind das Spiel nicht allein beenden: Auch wenn es schon müde ist, federt es noch weiter.
Wenn Sie jedoch nach der nebenstehenden Anregung mit ihm spielen, spüren Sie gleich, wann es Ihrem Baby zuviel wird, und können das Spiel unterbrechen. Außerdem werden Sie dieses Spiel sowieso nicht zu lange durchhalten: Das Hopsespiel ist nämlich für Ihre Arme ein regelrechtes »Bodybuilding«!

Hopsen – aber schwerelos

Bei diesem Spiel sind Ihre Armmuskeln gefragt!

► Setzen Sie sich mit gestreckten Beinen auf den Boden. Fassen Sie Ihr Baby mit dem Schalengriff, und heben Sie es über die Seite hoch (beide Griffe auf Seite 44). Lassen Sie jetzt Ihr Baby mit den Füßen leicht Ihre Oberschenkel berühren, so daß es zu »hopsen« beginnt.

► Ihr Baby stemmt sich rhythmisch gegen Ihre Oberschenkel: Es beugt und streckt seine Beine abwechselnd.
Wichtig: Das ganze Gewicht Ihres »hopsenden« Babys halten Sie mit Hilfe des Schalengriffs. Ihr Kind darf noch nicht auf den eigenen Beinen stehen, es soll nur leicht die Unterlage berühren.

Was tut Ihr Baby?

Spiele für das zweite Halbjahr

Die meisten Spiele aus dem ersten Halbjahr werden Ihrem Baby weiterhin Freude bereiten. Und sicher hat es schon einige davon als Lieblingsspiele auserkoren!

Einiges ändert sich

Abenteuer Alltag Babys werden im zweiten Halbjahr zunehmend mobiler: Sie drehen sich um, robben, krabbeln, ziehen sich an allen erreichbaren Möbeln hoch und machen schließlich mit etwa einem Jahr ihre ersten Schritte.
Ihr Kind wird selbständiger und beschäftigt sich jetzt auch schon mal eine Zeitlang allein. Es schläft inzwischen sicher viel weniger als im ersten halben Jahr und entwickelt mit der Zeit einen relativ festen Tagesrhythmus.

Hurra: Endlich mobiler!

Babys haben Freude an den neuen Fortbewegungsmöglichkeiten – sie wollen die Welt erobern! Auch das Denken und die Geschicklichkeit der Hände entwickeln sich rasant. Ihr Baby zeigt wahrscheinlich großes Interesse an all Ihren Tätigkeiten – und ahmt Sie oft nach, etwa beim Essen oder Kochen. Das Entwicklungstempo wird jetzt aber auch immer individueller, und die Unterschiede zwischen den Babys werden größer als im ersten Halbjahr. Nur die Reihenfolge der Entwicklung gleicht sich in der Regel: Ihr Baby wird wahrscheinlich zuerst robben, dann krabbeln, später versuchen, sich aufzurichten – aber nicht unbedingt zur selben Zeit wie seine gleichaltrigen Spielgefährten! Sie finden deshalb bei den Spielanregungen keine Monatsangaben. Die Spiele sind statt dessen den verschiedenen Entwicklungsbereichen zugeordnet – zum Beispiel Spiele, die das Krabbeln unterstützen, und andere, die Ihrem Baby helfen, langsam in die

Liebste Beschäftigung: wie Mama »spielen«

WICHTIG

Robben, krabbeln, laufen – Ihr Baby entwickelt sich jetzt rasend schnell. Und immer mehr Gefahren lauern überall: ob Putzmittel unter dem Waschbecken oder eine heiße Herdplatte. Gehen Sie durch Ihre Wohnung, und suchen Sie systematisch nach Gefahrenquellen. Hilfreich ist es, wenn Sie dazu eine entsprechende Informationsbroschüre lesen (siehe Anhang, Seite 94).

»Senkrechte« zu kommen. Viele dieser Anregungen gefallen den meisten Kindern auch im zweiten Lebensjahr noch – besonders die Spiele mit intensivem sozialen Kontakt (ab Seite 78).

Durch Nähe Selbständigkeit fördern
Die nachfolgend beschriebenen Spiele fördern die Selbständigkeit Ihres Babys. Das heißt nicht, daß Sie Ihr Kind sich selbst überlassen können: Es braucht Sie weiterhin als Spielpartner. Durch das gemeinsame Spiel werden aber die Zeiten, in denen sich Ihr Baby schließlich allein beschäftigen kann, immer länger.

Spielen – möglichst nackt!

Lassen Sie Ihr Baby weiterhin nackt seine Spielstunden genießen. Können Sie Ihr Kind aus praktischen Gründen – zum Beispiel wegen eines empfindlichen Teppichbodens – nicht völlig nackt ausziehen, suchen Sie nach Kompromissen: Vielleicht gibt es im Kinderzimmer einen abwaschbaren Boden? Dann hat Ihr Baby wahrscheinlich große Freude daran, hier nackt zu krabbeln oder zu laufen. Kleine Pipipfützen, die es dabei hier und da hinterläßt, sind schnell weggewischt. Doch auch wenn Ihr Kind gerade einmal nicht nackt sein kann, spricht nichts dagegen, mit ihm zu spielen. Viele der folgenden **Spielend durch den Tag** Anregungen können in den Fa-

---

TIP!
Wohin mit der Stereoanlage?

Jetzt wird Ihr Baby Ihrer Einrichtung gefährlich: Wohin mit der Stereoanlage und Großmutters teurer Kristallvase? Da Kinder Grenzen brauchen – das Toastbrot gehört nun mal nicht in den Videorecorder, siehe auch Seite 17 –, sollten Sie nicht alles, was Ihr Kind kaputtmachen könnte, über einen Meter Höhe plazieren. Vielleicht bringen Sie einige Sachen in Sicherheit – und bei den in der »Babyzone« verbliebenen Einrichtungsgegenständen versuchen Sie es mit liebevoller Konsequenz von Anfang an.

milienalltag integriert werden, so daß Sie nicht immer extra Spielstunden arrangieren müssen.

Spiele für Babys Hände

Mit den Händen erforscht das Baby von Anfang an die Welt und lernt sie dabei zu begreifen. Im zweiten Halbjahr werden die Bewegungen der Hände und Finger immer differenzierter. Wie Dr. Jaroslav Koch es ausdrückte, »denkt das Baby viel mit den Händen«. **Greifen und begreifen** Lassen Sie Ihr Kind weiterhin die verschiedenen Gegenstände des Alltags erforschen: weiche und harte, runde und kantige, rauhe und glatte, große und kleine.

Wie faßt man das an?

Dinge unterschiedlich ergreifen und halten

▶ Für dieses Spiel benötigen Sie unterschiedliche Gegenstände, zum Beispiel einen Holzstab oder ein Stück festeren Karton.

▶ Ihr Kind liegt, hockt, sitzt oder steht vor Ihnen – je nachdem, wie weit es im Moment entwickelt ist. Geben Sie ihm nacheinander verschiedene Gegenstände in die Hand.

Was tut Ihr Baby?

▶ Ihr Baby muß seine greifende Hand immer wieder dem jeweiligen Gegenstand anpassen, um ihn fassen zu können.

▶ Bieten Sie Ihrem Kind einen Kochlöffel unterschiedlich an – mal waagerecht, mal senkrecht. Schon bevor Ihr Baby den Löffel ergreift, muß es seine Hand entsprechend »ausrichten«.

... und später?

▶ Anfangs braucht Ihr Baby länger dazu, später wird es schon beim Anblick des Kochlöffels seine Hände in die richtige Position bringen – wieder eine beträchtliche Denkleistung!

Die dritte Dimension

Mit Hohlkörpern spielen

▶ Sie brauchen einen kleineren Behälter, zum Beispiel einen kleinen Plastikbecher, eine Dose oder eine Schachtel.

▶ Geben Sie Ihrem Kind den Becher zum Herumhantieren.

▶ Ihr Baby wird den Becher genau untersuchen. Mit acht oder neun Monaten interessiert es sich nicht nur für die Länge und Breite des Spielzeugs, sondern will auch die dritte Dimension, die Tiefe, untersuchen. Es tastet mit seinen Fingern das Innere des Bechers ab oder schiebt die ganze Hand hinein und macht so erste »physikalische« Erfahrungen.

Was tut Ihr Baby?

Ein- und Ausräumen

Wenn Sie beobachten, daß Ihr Baby Interesse zeigt, Gegenstände ineinanderzustecken – zum Beispiel den Schlüssel in das Schlüsselloch –, können Sie diesen Ent-

Unter Babys ein »Dauerbrenner«: endlos ein- und ausräumen.

TIP!
Die variable Klopfbank

Auch eine Klopfbank mit Stäbchen kann in dieser Zeit (Ihr Baby ist wahrscheinlich neun bis zehn Monate alt) umfunktioniert werden: Ihr Kind steckt die Stäbchen in die Löcher. Gegen Ende des ersten Jahres beginnt es dann sicher, auch mit dem Hammer auf das Spielzeug zu klopfen.

wicklungsschritt mit folgender Anregung unterstützen.

▶ Sie brauchen eine leere Kaffeedose und kleine Löffel.

▶ Geben Sie Ihrem Kind Dose und Löffel.

Was tut Ihr Baby? ▶ Es wird jetzt die Löffel in die Dose hineinstecken und dann die Dose wieder ausleeren. Ein Spiel, mit dem sich Ihr Baby lange beschäftigen wird!

Interessante Variation ▶ Anstelle einer Kaffeedose eignen sich auch leere Tennisballdosen, Weichspülerflaschen oder zum Beispiel ein Schuhkarton. In den Schachteldeckel schneiden Sie ein rundes Loch (siehe Anleitung auf Seite 93). Zum Hineinstecken eignen sich statt der Löffel auch andere kleine Dinge wie Wäscheklammern, Korken, kleine Bauklötze und ähnliches.

▶ Geben Sie Ihrem Kind die unterschiedlichen Gegenstände abwechselnd, nicht gleichzeitig, und räumen Sie sie wieder weg, wenn Ihr Kind kein Interesse mehr daran zeigt.

Die reservierte Schublade

Schubladen öffnen und schließen

Eine Schublade aufzuziehen und wieder zuzuschieben, ist anfangs für Ihr Baby sicher schwierig – aber sehr interessant!

▶ »Einigen« Sie sich mit Ihrem Kind, daß es zum Beispiel in der Küche eine bestimmte Schublade auf- und zumachen darf.

Die unterste Schublade »gehört« Ihrem Baby

▶ In Babys Fach legen Sie dann einige »babytaugliche« Küchengegenstände. Gut geeignet sind Dinge wie Plastikbecher, leichte Töpfe oder Kochlöffel.

▶ Ihr Kind wird begeistert mit »seinen« Küchengeräten spielen und Sie dabei immer wieder gern nachahmen.

Ein Spielzeug kommt per »Schnur-Express«

Spielzeug an einer Schnur heranziehen

▶ Binden Sie eine Schnur (etwa 30 Zentimeter lang) um ein Spielzeug. Verknoten Sie das andere Ende der Schnur mehrmals, oder fädeln Sie sie durch einen größeren Knopf oder eine Holzperle. So kann Ihr Baby die Schnur besser festhalten (siehe auch selbstgebastelte »Schlange« auf Seite 93). Legen Sie jetzt das Spielzeug so weit von Ihrem Baby entfernt auf den Boden, daß es nur das Ende der Schnur erreichen kann.

Was tut Ihr Baby? ▶ Es wird die Schnur fassen und gleich merken, daß etwas folgt, wenn es daran zieht.

Kleine Ursache – große Wirkung

Selbst etwas bewirken Ungefähr mit sieben oder acht Monaten lernt Ihr Baby den Zusammenhang zwischen Ursache und Wirkung kennen. Ihr Kind entwickelt jetzt langsam ein sogenanntes vorausschauendes Denken.

▶ Für dieses Spiel eignet sich eine Spieluhr oder ein Quietschtier.

▶ Zeigen Sie Ihrem Baby die Spieluhr, und ziehen Sie an der Schnur.

Was tut Ihr Baby? ▶ Bald wird Ihr Kind den Zusammenhang zwischen dem Ziehen und dem Ertönen der Musik herausfinden und selbst an der Schnur ziehen wollen – ein schönes Erlebnis, wenn es etwas so Tolles bewirkt!

Interessante Variation ▶ Ähnlich funktioniert ein Quietschtier: Draufdrücken und es ertönt ein Geräusch! Geben Sie Ihrem Baby dieses Spielzeug aber nicht zu früh. Wenn es noch nicht den Zusammenhang zwischen Drücken und Quietschen begreift, erschreckt es sich nur.

Knüllen, rascheln, reißen

Papier zerknüllen ▶ Sie brauchen ein Stück Butterbrotpapier.

▶ Geben Sie Ihrem Kind das Butterbrotpapier, und lassen Sie es damit spielen.

Was tut Ihr Baby? ▶ Anfangs wird es das Papier vorsichtig zerknüllen, später auch zerreißen – und begeistert sein, weil es dabei Geräusche produziert. Wenn Ihr Baby das Papier in den Mund nimmt, merkt es, daß es naß wird und man nicht mehr damit spielen kann.

... und später? ▶ Im zweiten Lebensjahr macht Ihrem Kind bestimmt eine gemeinsame »Schneeballschlacht« mit zerknülltem Papier Spaß.

Einladung zum Krabbeln

Robbend auf das Krabbeln vorbereiten Bevor Ihr Baby koordiniert krabbelt – rechter Arm nach vorn, gleichzeitg linkes Bein unter dem

Bauch anziehen und umgekehrt –, übt es die dafür nötigen Bewegungen schon einzeln. Die Arme müssen beim Krabbeln schließlich fast die Hälfte des Körpergewichts tragen, und um die Beine anzuziehen, braucht Ihr Baby starke Bauchmuskeln. Die folgenden Spiele kräftigen die Muskeln und helfen Ihrem Kind, sich auf das Krabbeln vorzubereiten.

Und was hängt hier?

Bäuchlings mit hängenden Dingen spielen

▶ Sie brauchen ein Spielzeug.

▶ Ihr Baby liegt auf dem Bauch. Sie halten das Spielzeug in etwa 20 bis 25 Zentimeter Entfernung auf Brusthöhe vor Ihr Baby. Sie können den Gegenstand auch nach links und rechts bewegen.

Was tut Ihr Baby?

▶ Ihr Baby versucht, das Spielzeug mit einer Hand zu greifen. Es ist schwieriger, einen in der Luft »hängenden« Gegenstand zu greifen, als einen, der auf dem Boden liegt.

Interessante Variation

▶ Sie können das Spielzeug schließlich auch nach oben bewegen, so daß Ihr Baby den Arm hochstrecken muß, um nach dem begehrten Objekt zu fassen. Mit der anderen Hand stützt Ihr Kind sich dabei ab und versucht so, sein Gleichgewicht zu halten.

Hilfreicher Gegendruck

Was liegt denn da für ein interessantes Spielzeug? Natürlich möchte Ihr Baby sofort hinrobben ... doch: Was ist das? Nach der Anstrengung ist das ersehnte Spielzeug noch weiter entfernt als vorher! Die meisten Babys sind sehr frustriert, wenn sie sich nach hinten bewegen, obwohl sie vorwärts kommen möchten.

Die Hand gegen Babys Fußsohle drücken

▶ Sie können Ihrem Baby helfen: Wenn es auf dem Bauch liegt und vorwärts robben möchte, drücken Sie mit Ihrer flachen Hand sanft gegen seine Fußsohle.

Endlich geht's vorwärts! So geben Sie Ihrem Baby »Starthilfe«.

▶ Durch diesen Widerstand gelingt es Ihrem Baby, sich »abzuschieben«, und es robbt vorwärts.

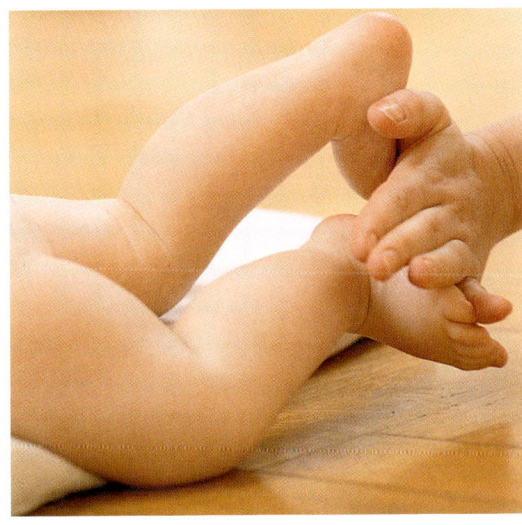

... und später?
▶ Schließlich wird es vielleicht sogar versuchen, mit Hilfe dieser »Notbremse« in den Vierfüßlerstand zu kommen – die Startposition zum Krabbeln.

Der kleine Drehwurm

Um die eigene Achse drehen
Bevor Ihr Baby krabbelt, übt es vielleicht auch folgende Bewegung: Es liegt auf dem Bauch und dreht sich dabei im Kreis, indem es ein Bein immer wieder an den Körper zieht und dann streckt. So macht es mehr Spaß.

▶ Sie brauchen dafür ein interessantes Spielzeug.

▶ Legen Sie den begehrten Gegenstand seitlich neben Ihr Baby.

Was tut Ihr Baby?
▶ Ihr Kind wird versuchen, mit einer Hand nach dem Spielzeug zu greifen, während es sich mit der anderen Hand abstützt und dabei den Körper zur Seite dreht. **Wichtig:** Achten Sie darauf, daß sich Ihr Kind in beide Richtungen gleich gut dreht. Hat es eine Vorliebe für eine Richtung, motivieren Sie bewußt die andere Seite.

Spielend in den Vierfüßlerstand

Auf Mamas Oberschenkeln spielen
▶ Setzen Sie sich mit gestreckten Beinen auf den Boden, und legen Sie Ihr Kind quer über Ihre Oberschenkel. Mit einer Hand drücken Sie leicht auf seinen Po. Bewegen Sie nun Ihre Beine abwechselnd ein wenig nach oben und unten.

Was tut Ihr Baby?
▶ Ihr Baby stützt sich dabei abwechselnd mit den Händen ab.

▶ Legen Sie immer wieder Pausen ein, damit Ihr Baby aus dieser Position den Vierfüßlerstand probieren kann – Ihre Oberschenkel halten dabei Babys Bauch. Ihr warmer, weicher Körper animiert Ihr Kind sicher mehr zum Krabbeln als der harte Fußboden!

Eine kleine Kletterpartie

Über Mamas Bauch hinweg
▶ Sie brauchen ein Spielzeug.

▶ Legen Sie sich bequem mit dem Rücken auf den Boden, den Kopf am besten auf einem Kissen. Ihr Kind legen Sie quer über Ihren Bauch, seine Knie befinden sich neben Ihrem Körper auf dem Boden. Zeigen Sie ihm jetzt ein Spielzeug, das Sie so neben sich auf dem Boden plazieren, daß Ihr Baby es sehen, aber nicht erreichen kann. Halten Sie die flache Hand gegen die Fußsohlen Ihres Babys.

Was tut Ihr Baby?
▶ So kann es sich besser »abstoßen«, wenn es versucht, das Spielzeug zu ergreifen.

... und eine größere

Von Mamas Hüfte klettern

▶ Sie brauchen ein Spielzeug.

▶ Legen Sie sich in Seitlage auf den Boden. Ihr Baby legen Sie längs auf Ihre Hüfte, und zwar so, daß seine Beine zu beiden Seiten Ihres Körpers herabhängen. Das Spielzeug liegt ein Stück von Ihnen entfernt auf dem Boden.

Was tut Ihr Baby?

▶ Ihr Baby wird versuchen, von Ihrer Hüfte herunterzuklettern, um das Spielzeug zu erreichen.

Bauch hoch: So geht's

Mit Hilfe einer Stoffwindel krabbeln

Bekommt Ihr Baby trotz großer Mühe seinen Bauch nicht vom Boden weg, können Sie ihm mit der folgenden Anregung helfen.

▶ Falten Sie eine Stoffwindel dreimal längs, so daß der Stoff etwa 10 bis 15 Zentimeter breit liegt. Legen Sie jetzt diesen »Gürtel« unter den Brustkorb Ihres Babys, und halten Sie die Enden der Windel mit einer Hand fest. Heben Sie Ihr Baby mit Hilfe der Windel so weit hoch, daß es den Boden noch mit den Knien und Händen berührt, sich also im Vierfüßlerstand befindet.

Was tut Ihr Baby?

▶ Ihr Baby trainiert so die neue Lage – den Bauch weg von der Unterlage, die Beine angezogen.

Wichtig: Macht Ihr Baby dabei »Schwimmbewegungen«, ist es noch zu früh für dieses Spiel!

Schwerer Bauch? Da hilft ein sanfter »Windellift«!

Kleine Krabbler unterstützen

Wenn Ihr Kind Krabbeln gelernt hat, geben Sie ihm oft die Möglichkeit, die neue Fortbewegungsart zu üben – zum Beispiel mit den folgenden Spielen.

Wer liegt denn da?

Es macht Ihrem Baby sicher immer wieder Spaß, über den Papa oder die Mama zu krabbeln.

Über jemanden hinwegkrabbeln

▶ Legen Sie sich auf den Boden – mal auf den Bauch, mal auf den

TIP!

Freie Bahn für kleine Krabbler!

Achten Sie darauf, daß in Ihrer Wohnung nicht zu viele Spielsachen herumliegen (siehe auch Seite 84). Sonst wird das Baby abgelenkt und will nicht so viel krabbeln – außerdem liegen ihm die Sachen auch nur im Weg.
In der warmen Jahreszeit ist es eine ganz neue Erfahrung für Ihr Kind, auf Sand, im Gras oder gar einen kleinen Hang hinauf- und hinunterzukrabbeln.

Rücken – und motivieren Sie Ihr Kind, über Ihren Körper zu krabbeln. Dafür brauchen Sie meist gar nichts zu tun: Ihr Baby wird sofort neugierig herbeikrabbeln, wenn Sie sich nur hinlegen.

Interessant, was Papa da so im Gesicht hat!

▶ Ihr Baby wird das »Hindernis« immer wieder erklettern wollen.

▶ Größeren Geschwistern bereitet dieses Spiel genauso viel Freude wie dem Krabbelkind.

Über Berg und Tal ...

▶ Bei diesem Spiel müssen zwei Erwachsene mitmachen.

Über Mamas und Papas Beine krabbeln

▶ Setzen Sie sich beide nebeneinander auf den Boden, wobei Sie in entgegengesetzte Richtungen schauen, und spreizen Sie die Beine etwas. Alle vier Beine sollen eine »Leiter mit vier Sprossen« auf dem Boden bilden (siehe Foto Seite 73). Legen Sie Ihr Kind auf Ihre Beine.

▶ Ihr Kind wird versuchen, das Hindernis zu überwinden.

Was tut Ihr Baby?

▶ Sie können Ihr Kind zusätzlich mit einem Spielzeug motivieren, über Ihre Beine auf die andere Seite zu krabbeln.

▶ Später können Sie beide die Beine unterschiedlich anziehen, so daß Ihr Baby über verschieden hohe Hindernisse krabbelt.

... und später?

Im Slalom mittendurch

▶ Sie brauchen Kartons, Stühle oder andere große Gegenstände.

Zwischen Gegenständen krabbeln

▶ Stellen Sie alles so hin, daß Ihr Baby dazwischen krabbeln kann.

▶ Ihr Baby lernt, seine Bewegungen der Umgebung anzupassen und sich im Raum zu orientieren.

▶ Wenn Sie vorauskrabbeln, macht es noch mehr Spaß!

Unter dem Stuhl hindurch

Unter Möbeln durchkrabbeln Bevor Ihr Baby sich zutraut, unter dem niedrigen Sofatisch durchzukrabbeln, möchte es das erst einmal unter etwas höheren Gegenständen probieren.

▶ Sie brauchen einen Stuhl.

▶ Stellen Sie den Stuhl zwischen sich und Ihr Baby. Jetzt sprechen Sie Ihr Kind von der anderen Seite des Stuhls, an oder zeigen ihm ein Spielzeug.

▶ Ihr Kind wird unter dem Stuhl durchkrabbeln. Dabei lernt es, den Kopf so zu halten, daß es sich nicht stößt (siehe Foto nächste Seite).

In »schwindelnder Höhe«

Auf erhöhten Ebenen krabbeln Wenn Ihr Baby schon seit einigen Wochen krabbelt, können Sie das mit der folgenden Anregung noch interessanter machen.

▶ Sie brauchen ein Bügelbrett.   **Auf und ab über Papas und Mamas Beine.**

▶ Legen Sie das Bügelbrett zusammengeklappt flach auf den Boden.

▶ Schon den Höhenunterschied von 5 Zentimetern nimmt Ihr Baby wahr und versucht konzentriert, sein Gleichgewicht beim Krabbeln zu halten – Ihr Kind findet es aufregend, sich auf dem schmalen Brett zu bewegen.   **Was tut Ihr Baby?**

▶ Später können Sie das Brett etwas höher stellen, jedoch maximal 10 bis 15 Zentimter hoch!   **... und später?**

Schräge Krabbeltour

▶ Wie Sie eine schräge Ebene herstellen, lesen Sie auf Seite 58.   **Auf schiefer Ebene krabbeln**

▶ Ihr Baby wird sicher immer wieder auf der »schiefen« Matratze rauf- und runterkrabbeln.

Erste Laufproben

Langsam auf die Füße kommen

Wenn Ihr Kind krabbeln kann, wird es nach neuen Herausforderungen suchen: Irgendwann wird es selbst sitzen. Kurz darauf zieht es sich an Tisch oder Stuhl hoch und steht zum ersten Mal auf eigenen Beinen. Nach den ersten seitlichen Schritten um den Tisch herum macht es die ersten freien Schritte. Mit folgenden Anregungen können Sie diese Entwicklung unterstützen.

Rauf und runter – etwas für flotte Krabbler

Auf niedrige Gegenstände krabbeln

▶ Sie brauchen eine Matratze oder einen Koffer.

▶ Legen Sie das Hindernis auf den Boden. Ihr Kind kann draufklettern und sich aufrichten.

Kleine »Umlenkhilfe«

▶ Möchte Ihr Baby kopfüber wieder hinunter, drehen Sie es so um, daß seine Füße leicht den Boden berühren. Wenn Sie dabei jedesmal den gleichen Satz sagen (etwa: »Halt! Zuerst umdrehen!«), lernt Ihr Baby, wie es sich drehen muß, wenn es beispielsweise vom Sofa steigen will.

Hoch hinaus auf einer kleinen Leiter

▶ Sie brauchen eine Haushaltsleiter (kleine Stehleiter).

▶ Stellen Sie die Leiter auf, und beobachten Sie Ihr Kind.

▶ Anfangs wird es sich auf der untersten Stufe aufrichten und wieder auf den Boden zurückkommen. Irgendwann wird Ihr Baby die zweite Stufe erreichen und ganz stolz oben stehen.

▶ Das Heruntersteigen bereitet Ihrem Kind anfangs sicher Probleme. Sie können ihm helfen, indem Sie seine Hüfte und ein Bein behutsam fassen und nach unten führen.

»Vorsicht – Kopf einziehen!« heißt es bei ersten Krabbelversuchen unter dem Stuhl.

Was tut Ihr Baby?

> Befestigen Sie den Ballon an einer Türklinke oder einem Schrankgriff.

> Sicher versucht Ihr Baby, sich an der Tür oder dem Schrank hochzuziehen: Und es ist ziemlich schwierig, an einer glatten, senkrechten Fläche aufzustehen!

Was tut Ihr Baby?

Loslassen ist nicht einfach

> Sie benötigen ein Spielzeug.

> Wenn Ihr Kind an einem Stuhl oder am Tisch steht und sich mit beiden Händen festhält, reichen Sie ihm von der Seite das Spielzeug.

Beim Stehen nur mit einer Hand festhalten

> Ihr Baby wird danach greifen. Jetzt hält es sich nur noch mit einer Hand am Stuhl fest und ist sicher stolz auf sich!

Was tut Ihr Baby?

Hebst du das mal auf?

Ihr Baby kann schon gut stehen und hält sich nur mit einer Hand fest – zeigen Sie ihm mit dem folgenden Spiel, wie es allein in die Hocke kommt.

Aus dem Stand in die Hocke

> Sie brauchen ein Spielzeug.

> Zeigen Sie Ihrem Kind das Spielzeug, das Sie dann zu seinen Füßen auf den Boden legen. Anfangs können Sie das Spielzeug

Ein Highlight für jedes Baby: Die Welt von »oben« betrachten.

Wichtig: Lassen Sie Ihr Baby bei diesem Spiel bitte auf keinen Fall allein, sondern bleiben Sie die ganze Zeit neben der Leiter, um Stürze zu verhindern. Halten Sie Ihr Kind jedoch nicht fest, sonst klettert es aus dieser vermeintlichen Sicherheit höher, als es sich allein zutrauen würde. Vergessen Sie auch nach dem Spiel nicht, die Leiter immer sofort wieder wegzuräumen!

Bleiben Sie stets dabei!

Immer an der Wand lang

Sich an einer glatten Fläche aufrichten

Wenn Ihr Baby sich schon an Möbeln hochzieht, bieten Sie ihm die Möglichkeit, sich an einer glatten Wand aufzurichten.

> Sie brauchen für dieses Spiel einen Luftballon.

zum Beispiel auf einen Schuhkarton legen, damit Ihr Baby es leichter erreichen kann.

Was tut Ihr Baby? Ihr Baby hebt das Spielzeug auf: Es geht etwas in die Knie, beugt sich nach vorn und muß dabei sein Gleichgewicht halten.

Ganz ohne kleine Stürze und ein paar blaue Flecken kommt kein Baby durch diese Zeit!

Fußball von der Seite

Seitlich gegen einen Ball treten Sie brauchen einen an einer Schnur befestigten Wasserball.

Ihr Baby steht am Tisch. Zeigen Sie ihm den Wasserball, den Sie dann seitlich an einen seiner Füße halten – abwechselnd an den linken und rechten Fuß.

Was tut Ihr Baby? Ihr Baby wird anfangs eher zufällig und später mehr und mehr bewußt gegen den Ball treten. Es übt dabei die Gewichtsverlagerungen von einem Fuß auf den anderen.

Auf zum Zwergerl-Fußball!

Im Laufen gegen einen Ball treten Sie benötigen einen Ball.

Zeigen Sie Ihrem Baby, wie Sie mit dem Fuß gegen einen Ball treten. Lassen Sie es nun Ihr Kind selbst ausprobieren.

Ihr Baby läuft wahrscheinlich tapsig zu dem Ball, macht kurz davor einen größeren Schritt und versucht, mit dem Fuß gegen den Ball zu treten. Dabei kommt es aus seinem Laufrhythmus heraus und muß sein Gleichgewicht ausbalancieren. Beim Fußballspielen trainiert Ihr Baby das Gehen im unterschiedlichen Rhythmus, was natürlich viel schwieriger ist als das Laufen in gleichmäßigen Schritten.

Was tut Ihr Baby?

Achten Sie doch mal in Ihrem Bekanntenkreis darauf, ob das Spiel Mädchen und Jungen gleichermaßen nahegebracht wird.

Gleichberechtigung auch für Kleine

Neue Erfahrungen für kleine Füße

Geben Sie Ihrem Kind immer wieder Möglichkeiten, auf unterschiedlichem Untergrund barfuß zu laufen. Folgende »Fußerfahrungen« können Sie Ihrem Baby auch in der Wohnung anbieten.

Laufen auf verschiedenen Böden

Geeignet sind ein sauberer Fußabstreifer, ein Fell, eine Luftmatratze oder ähnliches.

Legen Sie den »Laufsteg« auf den Boden.

Auf einer wackeligen Luftmatratze läuft es sich ganz anders als auf einem kuscheligen Fell oder

TIP!

Mama, wo ist deine Hand?

In der Wohnung läuft Ihr Baby vielleicht schon ganz sicher – es kennt sich aus und weiß, daß die Entfernungen zwischen den Möbelstücken so kurz sind, daß es schnell etwas zum Festhalten findet, wenn es nicht mehr laufen kann.

Im Freien sind die Entfernungen viel größer, und es gibt zahlreiche »Stolpersteine«! Hier braucht Ihr Kind deshalb Ihre unterstützende Hand. Wenn Sie Hand in Hand mit Ihrem Baby laufen, achten Sie darauf, daß Sie seinen Arm nicht nach oben ziehen: Babys Arm soll angewinkelt sein. Auf diese Weise muß Ihr Kind sein Gleichgewicht selbst halten und übt dabei das sichere Gehen.

Viele Mütter leiden jetzt ohnehin schon unter Rückenschmerzen durch das viele Tragen des Babys. Und jetzt kommt auch noch eine längere Zeit, in der Sie häufiger etwas »krumm« gehen müssen, um mit Ihrem Baby Hand in Hand laufen zu können! Bieten Sie Ihrem Kind darum Ihre Hand nicht allzu oft an, sondern geben Sie sie nur, wenn Ihr Baby darum »bittet« – und wenn es aus Sicherheitsgründen nötig ist (etwa auf dem Gehweg)! So lernt Ihr Kind schneller selbständig zu laufen.

einem rauhen Fußabstreifer: Ihr Baby wird die verschiedenen Böden sicher begeistert ausprobieren – und übt dabei ganz nebenbei das sichere Gehen.

Ganz schön gewichtig!

▶ Geeignet sind große, aber leichte Spielzeuge, etwa ein Wasserball oder ein großer Teddy.

Große Dinge tragen

▶ Bitten Sie Ihr Kind, Ihnen das Spielzeug zu bringen.

▶ Der Körperschwerpunkt ändert sich, und Ihr Kind muß sein Gleichgewicht ausbalancieren.

Was tut Ihr Baby?

»Magisch« angezogen?

▶ Sie benötigen ein Spielzeug zum Ziehen.

Ein Spielzeug ziehen

▶ Geben Sie Ihrem Kind die Schnur des Zieh-Spielzeuges.

▶ Anfangs ist es für Ihr Baby sehr schwierig, beim Laufen etwas zu ziehen, weil es daran gewöhnt ist, in die Richtung zu schauen, in die es läuft. Jetzt will es das Spielzeug hinter sich beobachten, während es vorwärts läuft: Es muß sein Gleichgewicht halten und kann nicht die ganze Zeit nach vorn schauen.

Was tut Ihr Baby?

WICHTIG

Zum Laufenlernen braucht Ihr Baby keine Schuhe. Es sollte so oft wie möglich barfuß oder auf rutschfesten Socken laufen. Schuhe braucht es nur im Freien, um die Füße vor Kälte und Nässe zu schützen!

Soziale Spiele

Mit etwa einem halben Jahr lernt Ihr Baby, sich verständlich zu machen, um etwas zu bekommen. Mit acht oder neun Monaten versteht es schon viele Wörter, obwohl es sie noch nicht aussprechen kann. Folgende Spiele unterstützen die sprachliche und soziale Entwicklung Ihres Kindes.

Fang mich doch!

Fangen im Krabbelgang ▶ Wenn Ihr Baby schon gut krabbelt, macht es ihm großen Spaß, wenn Sie ihm hinterherkrabbeln und es »fangen«.

Was tut Ihr Baby? ▶ Schon bald fordert Ihr Baby Sie wahrscheinlich zu diesem Spiel auf, indem es krabbelt und zurückschaut, als wollte es sagen: »Fang mich!«

▶ Fangen erzeugt bei Ihrem Kind eine sogenannte Wonneangst wie auch das Verstecken oder Rutschen. Manche Babys mögen diese Spiele in wilderer Version, andere möchten ruhiger »gefangen« werden.

Gefühle respektieren **Wichtig:** Achten Sie auf die Reaktion Ihres Babys: Sagt es mit Körperhaltung und Mimik »Nein!«, brechen Sie das Spiel unbedingt sofort ab. So erfährt Ihr Baby, daß seine Gefühle ernst genommen werden!

TIP!

Sinnvolle Verbote aufstellen

Vor bestimmten Gegenständen wie der Herdplatte oder der Teekanne werden Sie Ihr Baby warnen: »Vorsicht, heiß!« Wäre das nicht auch eine Idee, um Ihr Baby von der Stereoanlage »abzuschrecken«? Tatsächlich kann »Vorsicht, heiß!« auch einige Male bei der Stereoanlage funktionieren. Aber schon nach kurzer Zeit wird Ihr Baby es durchschauen – die Stereoanlage ist ja gar nicht heiß – und sich irgendwann bei der wirklich heißen Herdplatte in Gefahr bringen! Grundsätzlich gilt deshalb: Verbote müssen sinnvoll und glaubwürdig sein. Lesen Sie dazu auch das Spiel »Mamas Buch – Annas Buch« auf Seite 80.

Wauwau – oder miau?

▶ Zeigen Sie Ihrem Krabbelkind, wie ein Hund krabbelt und bellt. **Tiere nachahmen**

▶ Bald wird Ihr Baby auch krabbeln und »wau, wau« sagen. Es zeigt soziale und geistige Fähigkeiten: Ihr Baby ahmt Sie nach und verbindet dieses Nachahmen mit einem richtigen Hund. **Was tut Ihr Baby?**

▶ Ihr Kind wird noch lange alle Hunde und vielleicht auch alle Vierbeiner »Wauwau« nennen. Es fällt ihm so leichter, Ordnung in seine Welt zu bringen: Der Hund krabbelt und macht »wau, wau«.

... und später? Erst später lernt Ihr Baby den Oberbegriff »Hund« dazu. Wenn es einen Hund sieht, darauf zeigt und »wau, wau« sagt, können Sie seine Denkleistung bestätigen, indem Sie erwidern: »Ja, das ist ein Hund. Und der macht wau, wau.«

Beifall für Ihr Baby!

In die Hände klatschen ▶ Ihr Baby sitzt in Ihrer Nähe, und Sie zeigen ihm, wie Sie in die Hände klatschen.

Ob ich das auch kann? Das muß ich gleich mal versuchen! ▶ Das Baby versucht, ebenfalls seine Handflächen zusammenzubringen. Dieses Nachahmspiel – wie auch »Winke, Winke« – bereitet Ihrem Baby große Freude: Es tut das gleiche wie Mama und Papa – darüber ist es glücklich!

▶ Später können Sie rhythmisch klatschen und »Backe, Backe, Kuchen« singen. Auch das wird Ihr Kind bald nachahmen. Anfangs setzt es nach Ihnen mit dem Klatschen ein, später beginnt es sofort zu klatschen, wenn Sie zu singen beginnen. Noch später wird Ihr Baby Sie zum Singen ermuntern, indem es in die Hände klatscht, mit dem Kopf nickt und Laute von sich gibt.

... und später?

Kuckuck – wo bin ich?

▶ Sie brauchen für das Versteckspiel ein dünnes Tuch.

Verstecken spielen

▶ Legen Sie das Tuch über das Gesicht Ihres Babys, und fragen Sie: »Wo ist die Anna?« Nehmen Sie das Tuch weg, und sagen Sie: »Da!« Sie können sich auch selbst unter dem Tuch verstecken: Ihr Baby wird bald das Tuch wegziehen und sich darüber freuen.

▶ Hat Ihr Kind ältere Geschwister, können sich die Kinder alle zusammen unter einer Decke verstecken. Oder Sie verstecken sich mit Ihrem Baby unter der Decke und lassen das größere Kind suchen.

Spaß für alle

▶ Auch wenn Sie sich hinter einem Möbelstück verstecken, wird sich Ihr Krabbelkind bald auf die Suche nach Ihnen machen.

Auf die Pauke hauen ...

Mit dem Kochlöffel auf Töpfen trommeln

▶ Sie brauchen einen Kochlöffel und mehrere Töpfe, Schüsseln oder ähnliches.

▶ Zeigen Sie Ihrem Baby, wie Sie mit einem Kochlöffel auf einen Topf schlagen. Trommeln Sie dann auf eine Plastikschüssel.

Was tut Ihr Baby?

▶ Ihr Baby erfährt, daß es unterschiedliche Töne erzeugen kann, je nachdem, worauf es klopft. Geben Sie Ihrem Kind den Kochlöffel abwechselnd in die rechte und linke Hand.

... und später?

▶ Später können Sie ihm zwei Kochlöffel zum Trommeln geben: Anfangs ist es für Ihr Kind nicht leicht, zweihändig zu trommeln. Übrigens: Es macht Ihrem Kind besonderen Spaß, wenn Sie auch immer wieder mal mittrommeln.

Bitte und danke

Geben und nehmen

▶ Sie brauchen ein Spielzeug, das Ihr Baby schon kennt: Neues Spielzeug ist noch zu interessant, um es abzugeben!

▶ Geben Sie Ihrem Kind den Gegenstand, und sagen Sie dabei: »Bitte!« Nach einer kurzen Zeit strecken Sie Ihre Hand aus und bitten wieder darum. Wenn Sie es bekommen, sagen Sie »Danke!«.

Was tut Ihr Baby?

▶ Ihr Kind lernt, etwas abzugeben. Gleichzeitig lernt es die Begriffe »Bitte – Gib mir – Danke« in spielerischer Weise.

... und später?

▶ Nach ein paar Monaten wird Ihr Kind die neuen Worte in seinem aktiven Wortschatz haben.

Mamas Buch, Annas Buch

Grenzen akzeptieren lernen

▶ Sie brauchen eines Ihrer Bücher und ein vertrautes Bilderbuch Ihres Kindes.

▶ Legen Sie beide Bücher auf den Tisch oder den Boden, und sagen Sie, wem sie gehören: Mamas Buch und Annas Buch. Wiederholen Sie das mehrmals. Dann fragen Sie Ihr Kind: Wo ist Mamas (oder Annas) Buch?

▶ Bald wird Ihr Baby mit dem Finger auf das richtige Buch zeigen – und vielleicht sogar schon »Da!« sagen. Das Baby lernt so zu unterscheiden, was wem gehört. Dieses Spiel hilft ihm auch, Grenzen kennenzulernen.

▶ Nimmt Ihr Kind Ihr Buch, dann sagen Sie sehr bestimmt: »Nein, das Buch gehört der Mama!« Anschließend nehmen Sie es ihm weg. Dann geben Sie Ihrem Kind sein Buch mit den Worten: »Das ist Annas Buch.«

WICHTIG
Achten Sie darauf, wie Sie Ihrem Baby das berühmte »Nein!« sagen. Es irritiert Ihr Kind, wenn Sie – gerade wenn es in die Steckdose fassen will – mit einem verschmitzten Lächeln sagen: »Nein, nein, du Lausbub!« Diese doppelte Botschaft von Freuen – Ihrem Lachen – und Grenzen setzen – Ihrem Nein! – wird Ihr Baby verunsichern oder sogar beflügeln. Sagen Sie das Nein mit bestimmter Stimme und ernster Miene – ohne Ihr Baby zu erschrecken. So ist die Wahrscheinlichkeit größer, daß das Kind Ihr Nein akzeptiert.

▶ Zu diesem Spiel können Sie unterschiedliche Gegenstände verwenden. Anfangs sollten Sie allerdings immer dieselben zwei Dinge nehmen. Ihr Baby muß die neue Erfahrung erst verinnerlichen, bevor es sie auf andere Bereiche übertragen kann.

Übrigens ... ▶ Wenn Ihr Kind den Satz: »Nein, das gehört der Mama (dem Papa)!« nicht allzu oft hört, kann es Einschränkungen besser akzeptieren.

Memory für die Kleinsten

Einen Gegenstand wiederfinden ▶ Sie brauchen drei Plastikbecher und ein kleineres Spielzeug.

▶ Stellen Sie die Becher umgekehrt vor Ihr Kind. Zeigen Sie ihm dann das Spielzeug, und verstecken Sie es vor seinen Augen unter einem der Becher. Fragen Sie dann, wo das Spielzeug ist. Sie können auch mal auf einen »falschen« Becher zeigen und fragen: »Ist die Ente da? Nein!«

▶ Ihr Baby schult dabei sein Erinnerungsvermögen.

▶ Im zweiten Lebensjahr können Sie unter jeden Becher ein anderes Spielzeug legen und dann nach einem davon fragen. Es geht nicht nur darum, daß das Kind das richtige Spielzeug findet, sondern mehr um das gemeinsame Suchen danach – und um Spaß und Spannung.

... und später?

Im Alltag lernen

▶ Ab dem achten oder neunten Monat wollen Babys die Erwachsenen nachahmen – und vieles selbst ausprobieren. Geben Sie Ihrem Kind viele Möglichkeiten, seine Selbständigkeit zu üben.

Spielerisch lernen und sich entwickeln

▶ Wenn Ihr Baby mit neun Monaten selbst mit dem Löffel essen will, geht das meiste daneben – entsprechend sieht der Eßplatz aus! Mit der Zeit zahlt es sich aber aus: Nur beim Tun lernt Ihr Baby. Und wenn Sie alles für Ihr Baby machen, will es schließlich seine Bequemlichkeit auch gar nicht mehr verlieren.

Selbständigkeit unterstützen

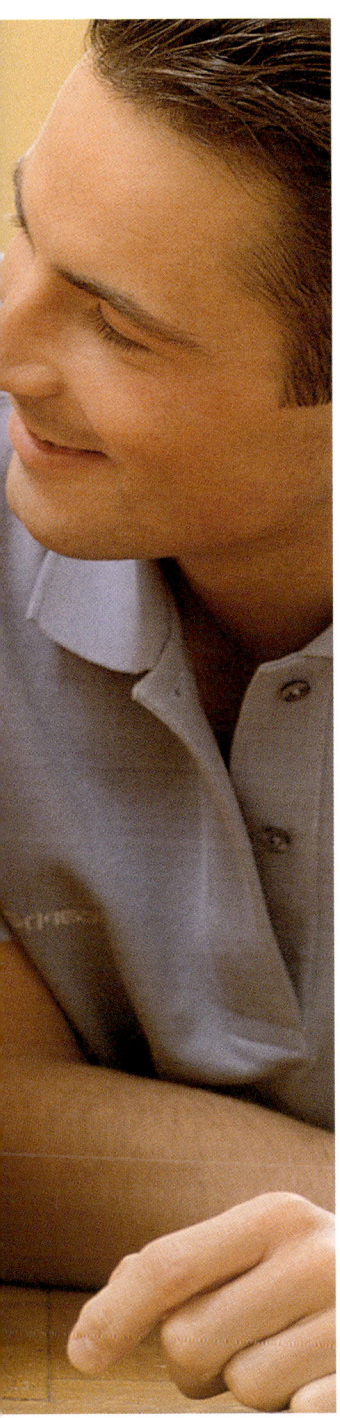

Schönes zum Spielen

Schon für die Kleinsten gibt es ein schier unüberschaubares Angebot an Spielsachen. Welches Spielzeug für Ihr Kind wirklich sinnvoll ist und welches weniger, zeigen wir Ihnen im folgenden Kapitel.

Sie erfahren außerdem, ob es sich lohnt, einen Kinderwagen, ein Tragetuch und einen Laufstall anzuschaffen – und welche »Babygeräte« Sie besser nicht kaufen sollten. Nicht zuletzt finden Sie Anregungen und Anleitungen, mit denen Sie schnell und preiswert schönes, zweckmäßiges Spielzeug selbst basteln können.

Spielzeug und mehr – was brauchen Babys?

Die Regale in den Spielwarenläden quellen über – die Schränke in den Kinderzimmern ebenfalls. Das Angebot an Spielzeug ist riesig, und Eltern oder schenkfreudige Großeltern fragen sich oft ratlos, was sie kaufen sollen.

Die Qual der Wahl

Wozu Spielzeug?

Im Spiel erforscht Ihr Kind seine Umwelt – und die eigenen Fähigkeiten! Es lernt unterschiedliche Materialien kennen und erfährt, was es mit verschiedenen Gegenständen tun kann: Zwei Bauklötze gegeneinanderschlagen, an der Schnur der Spieluhr ziehen, in Löcher etwas hineinstecken … so spielt Ihr Baby mit dem Gesetz von Ursache und Wirkung.

Geeignete Spielzeuge für Ihr Baby

● einige Greiflinge, ein Quietschtier, zwei kleine Kuscheltiere und einige »Badetiere«
● eine kleine, weiche Puppe
● ein Babybilderbuch und eine Spieluhr
● ein Auto zum Schieben
● Bälle in unterschiedlichen Größen
● ein Becherturm und einige Bausteine
● eine Klopfbank und ein Spieltelefon

Weniger ist mehr!

Abwechslung beim Spielen ist gut – aber immer der Reihe nach: Bieten Sie Ihrem Baby nicht zu viel auf einmal an. Wenn es zwischen Bergen von Spielzeug sitzt, kann es sich gar nicht intensiv mit einem Gegenstand beschäftigen: Ständig sieht es etwas Neues, was vielleicht noch interessanter sein könnte. Schütten Sie deshalb die Spielzeugkiste nicht einfach vor Ihrem Baby auf dem Boden aus, lassen Sie Ihr Kind die Spielsachen selber herausholen. Wenn schließlich mehrere Spielzeuge auf dem Boden herumliegen, mit denen Ihr Kind nicht mehr spielt, räumen Sie sie gemeinsam weg. So lernt Ihr Kind, konzentriert ein Spielzeug zu erforschen.

Ball, Teddy, Becherturm – sehr viel mehr braucht Ihr Baby jetzt noch gar nicht.

Räumen Sie ab und zu ein Spielzeug Ihres Babys eine Zeitlang weg: Nach ein paar Wochen ist die »alte« Ente plötzlich wieder interessant.

Alles kann Spielzeug sein!

Gegen Ende des ersten Lebensjahres brauchen Babys Gegenstände aus dem Alltag für ihre ersten Nachahmungs- oder Rollenspiele. Beliebt sind jetzt vor allem Küchenutensilien – nicht zuletzt deshalb, weil die Mama ja auch ständig damit zu tun hat. Kochlöffel, Joghurtbecher, Kaffeedosen, alte Pralinenfolien, Schneebesen – solche Dinge findet Ihr Kind jetzt hochinteressant! Lassen Sie es möglichst mit dem ausgewählten Gegenstand spielen – vorausgesetzt, er ist ungefährlich. Auch das Essen ist für Ihr Kind eine spielerische Entdeckungsreise. Lassen Sie es deshalb ruhig auch ab und zu seine Nudeln mit den Fingern essen.

Auch bei Spaziergängen wird Ihr Kind eine Menge entdecken und spielerisch erforschen: Laub, Steine, Kies – all das ist so interessant! Wichtig: Ihr Kind soll die Dinge in ihrer »natürlichen« Umgebung und Funktion kennenlernen: Holen Sie also Blätter oder Steine nicht extra ins Zimmer, und bereiten Sie auch kein Essen »nur zum Spielen« zu.

Mamas »Spielzeug« ist so interessant

Was Sie sonst noch fürs Baby brauchen

Neben Spielzeugen gibt es auch eine Menge sogenannter Babygeräte, die die Entwicklung des Babys fördern und den Alltag für die Eltern erleichtern sollen. Aber nicht alle Geräte erfüllen diese Versprechen: Einige sind für die Entwicklung Ihres Kindes sogar schädlich oder wegen ihres Unfallrisikos gefährlich.

In der Übersicht auf der nächsten Seite sind die gebräuchlichsten dieser Geräte aufgelistet. Sie erfahren, welche empfehlenswert, welche für eine kurze Zeit geeignet und welche völlig ungeeignet sind (nach dem Deutschen Verband für Physiotherapie).

Schüsseln und Töpfe sind für Ihr Kind oft interessanter als das tollste Spielzeug.

Welche Geräte sind sinnvoll?

Babyzubehör: unverzichtbar, nützlich oder überflüssig?

Kinderwagen

Als erstes Transportmittel gut geeignet. Buggys oder Sportwagen sind erst empfehlenswert, wenn Ihr Baby sicher sitzt (mit verstellbarer Rückenlehne, falls Ihr Kind unterwegs einschläft).

Tragetuch

Das Tuch ersetzt zwar nicht den Kinderwagen, ist aber – richtig gebunden – auf jeden Fall eine gute Transportmöglichkeit.

Tragesack

Weniger empfehlenswert, da diese Tragehilfen nur selten so flexibel auf die Körpergröße des Kindes einstellbar sind, daß sie stets den richtigen Halt geben – wie das bei einem richtig gebundenen Tragetuch der Fall ist.

Rückentrage

Erst geeignet, wenn Ihr Kind frei sitzen kann. Achten Sie auf den Tragekomfort: Die Unterschiede sind sehr groß!

**Tuch oder Kinderwagen:
So transportieren Sie Ihr Baby sicher.**

Fahrradsitz

Auch nur für sichere »Sitzer« geeignet. Nehmen Sie am besten einen Sitz, der auf dem Gepäckträger befestigt werden kann. Achtung: Helm nicht vergessen und Füße anschnallen!

Babyschale als Autositz

Im Auto unverzichtbar – aber bitte nicht als »Dauersitz« verwenden (siehe auch Seite 20).

Laufstall

Lassen Sie Ihr Baby nicht ständig darin: Um es für wenige Minuten vor Gefahrenquellen zu schützen, können Sie Ihr Baby jedoch ruhig kurze Zeit im Laufstall lassen. Bitte »mißbrauchen« Sie aber nicht das Bett als Laufstall – Babys Bett ist nur zum Schlafen da!

Babyhopser

Der Aufenthalt im Babyhopser kann der Wirbelsäule schaden. Und auch Babys Füße werden zu stark belastet – eine »gesunde« und schöne Alternative finden Sie auf Seite 63!

Babywippe

Völlig ungeeignet! Eigenaktivität und Bewegungsfreiheit werden eingeschränkt. Die schräge Haltung kann zu Wirbelsäulenfehlhaltungen führen. Außerdem kippen die Wippen leicht um.

Lauflerngeräte

Diese Geräte erschweren Ihrem Kind das Laufenlernen, statt es zu unterstützen! Das Baby lernt darin nämlich nicht, sein Körpergewicht auszubalancieren. Zudem sind sie richtige Gefahrenquellen: Babys stürzen damit oft schon über niedrige Schwellen oder Stufen schwer!

Spielzeug aus der eigenen »Werkstatt«

Sie können schon mit wenig Aufwand Spielzeug für Ihr Baby herstellen – und ein Großteil des Materials dafür ist sicher in Ihrem Haushalt vorhanden. Solche Spielzeuge sind auch ein schönes Geschenk für eine Familie, bei der sich Nachwuchs eingestellt hat.

Ein farbenfrohes Mobile

Von Anfang an ▶ Ihr Baby kann verschiedene Farben und Formen betrachten.

Material ▶ Sie brauchen etwas dickes Buntpapier, einen Ast oder Kleiderbügel und ein Stück Faden.

Es gibt viele Möglichkeiten, ein schönes Mobile zu basteln.

Das darf nicht in Babys Mund gelangen:

▶ Wenn Sie ein Spielzeug mit Erbsen, Kirschkernen, Holzperlen oder ähnlichem füllen, achten Sie darauf, daß Ihr Kind diese kleinen Sachen nicht herausnehmen kann – auch Knöpfe und ähnliches bitte immer besonders sorgfältig befestigen.

▶ Aus dem Buntpapier schneiden Sie Kreise, Dreiecke, Vierecke oder Tiere aus. Befestigen Sie sie jeweils an einem kurzen Faden, und hängen Sie sie an den Ast oder den Kleiderbügel. **So wird's gemacht**

▶ Auch mit leicht aufgeblasenen Luftballons oder mit kurzen, bunten Stoffbändchen können Sie ein solches Mobile gestalten. **Noch mehr Ideen**

Tastsäckchen

▶ Unterschiedliche Materialien und Formen fühlen. **Von Anfang an**

▶ Stoffreste (zum Beispiel Samt, Leinen oder Seide), jeweils etwa 20 x 8 cm groß; ausgewaschene Kirsch- und Aprikosenkerne, Glasmurmeln, Knöpfe. **Material**

▶ Falten Sie jedes Stoffstück – mit der Innenseite nach außen – einmal quer, und nähen Sie die Seiten zu, so daß eine kleine Tüte von etwa 10 x 8 cm entsteht. Wenden, mit Kernen, Murmeln oder Knöpfen füllen und mit der Nähmaschine oder per Hand schließen.

▶ In den ersten Monaten können Sie Ihrem Baby ein Tastsäckchen in die Hand geben, nachdem Sie das Händchen »aufgestreichelt« haben (siehe Seite 49).

... und später? ▶ Später wird Ihr Baby die Tastsäckchen immer genauer befühlen, anschauen und schließlich auch in den Mund stecken. Die Säckchen sind in der Maschine waschbar.

Zusatztip! ▶ Tastsäckchen für ganz Eilige: Stellen Sie die Säckchen aus alten Baumwollsocken her – einfach füllen und fest zuknoten!

Spielzeug wie diese Waschlappen ist schnell gemacht, hübsch anzusehen – und interessant für kleine Hände.

Ring mit Bändchen

▶ Anregung zum Greifen.

▶ Holz- oder Plastikring (5 bis 8 cm Durchmesser), zwei schmale Stoffstreifen (etwa 20 cm lang).

▶ Knoten Sie zwei verschiedenfarbige Stoffstreifen nebeneinander an den Ring. Halten Sie den Ring nun über Ihr auf dem Rücken liegendes Kind.

Die dicke Tüte

▶ Abtasten, Geräusche erzeugen.

▶ Tüten aus Butterbrotpapier.

▶ Blasen Sie eine Tüte auf, und schließen Sie sie, indem Sie die Öffnung nur zudrehen.

▶ Ihr Baby kann einen relativ großen Gegenstand in den Händen halten. Außerdem raschelt die Tüte, wenn es damit spielt.

▶ Später wird Ihr Kind merken, daß die Tüte kaputtgeht oder kleiner wird, wenn es zu fest darauf drückt. Und wenn das Baby zu lange daran lutscht, wird sie naß und unbespielbar. Mit etwa einem halben Jahr lernt Ihr Kind dann, daß das mit dem Prinzip von Ursache und Wirkung zusammenhängt.

1. bis 3. Monat

Material

So wird's gemacht

Ab dem 3. Monat

Material

So wird's gemacht

Was tut Ihr Baby?

... und später?

3. bis 6. Monat

Schnur mit Anhängseln

▶ Hängende Gegenstände betasten und ergreifen.

Material ▶ Eine Schnur (Schnürsenkel), einige dicke Baumwollfäden (jeweils etwa 7 cm lang), Knöpfe oder kleine Holzperlen.

So wird's gemacht ▶ Fädeln Sie so viele von den Holzperlen auf einen Baumwollfaden, daß eine 5 cm lange Kette entsteht, und verknoten Sie ihn am Ende. Aus den Knöpfen fertigen Sie ebenfalls eine Kette. Die Ketten in etwa 5 cm Abstand an die Schnur knoten.

Noch mehr Ideen ▶ Geeignet sind auch kleine Glöckchen oder bunte Wollfäden. Hängen Sie nicht mehr als drei verschiedene »Ketten« an eine Schnur. Halten Sie sie zum Spielen über Ihr Kind, oder spannen Sie sie über den Kinderwagen.

4./5. Monat

Klingende Dosen

▶ Selbst Geräusche produzieren.

Material ▶ Leere, flache Bonbondosen; Füllmaterial wie getrocknete Erbsen, Bohnen oder Holzperlen.

So wird's gemacht ▶ Legen Sie einige getrocknete Erbsen oder eine Holzperle in die Dose. Unterschiedliche Füllungen klingen verschieden.

▶ Spannend sind auch längliche »Geräuschdosen«. Dazu füllen Sie einfach ein leeres Röhrchen von Vitamintabletten – Ihr Kind lernt dabei, einen länglichen Gegenstand zu greifen (siehe auch Spiel Seite 66).

Das sind ja ganz neue Töne: Klingende Dosen für kleine Musikanten.

▶ Sie können Babys »Instrument« noch mit selbstklebender Folie beziehen. Überkleben Sie am besten auch den Deckel etwas – so kann Ihr Baby die Dose nicht so leicht mit den Zähnen öffnen.

Noch mehr Ideen

Die Schneebesen-Rassel

▶ Selbst Geräusche erzeugen.

▶ Ein Schneebesen; ein kleiner Tischtennisball oder ähnliches.

Ab dem 4./5. Monat

Material

▶ Schieben Sie den Ball durch die Stäbe des Schneebesens, und schon ist die Rassel fertig!

Überraschungsbeutel

Ab dem 4./5. Monat

▶ Dinge befühlen und abtasten.

Material ▶ Einige Gefrierbeutel (1 Liter), Füllmaterial wie Kirschkerne, Glaskugeln, Korken, Papier; Faden zum Zubinden.

So wird's gemacht ▶ Falls die Gefrierbeutel beschriftet sind, wenden Sie sie. Füllen Sie die Beutel – einen mit Glaskugeln, den nächsten mit etwas zerknülltem Papier oder Kirschkernen. Schließen Sie die Beutel fest mit einem Faden, oder knoten Sie sie zu.

▶ Geben Sie Ihrem Kind höchstens zwei unterschiedlich gefüllte Beutel gleichzeitig.

Bunte Kugelkette

Ab dem 5. Monat

▶ Ihr Baby kann die unterschiedlichsten Formen erfühlen.

Material ▶ Große bunte Holzperlen (müssen für Kleinkinder geeignet sein!) in unterschiedlichen Formen; eine Schnur.

So wird's gemacht ▶ Fädeln Sie die Holzperlen auf die Schnur, und verknoten Sie diese an den Enden.

▶ Wenn Ihr Baby etwa neun oder zehn Monate alt ist, können Sie die Enden zusammenbinden und so eine Kette herstellen, die Ihr Baby um den Hals tragen kann – genau wie die Mama!

... und später?

▶ Die Holzperlen müssen Sie zwar extra kaufen, aber sie bleiben lange ein beliebtes Spielzeug, so daß sich die Investition lohnt. Wenn Ihr Kind zwei bis drei Jahre alt ist, wird es beispielsweise viel Freude dabei haben, die Perlen zu immer neuen, schönen Ketten aufzufädeln.

Übrigens ...

Waschlappen mit Knöpfen

Ab dem 5./6. Monat

▶ Kleine Teile fassen und tasten.

▶ Ein einfarbiger Waschlappen, 5 bis 8 bunte Knöpfe, Füllwatte.

Material

▶ Nähen Sie die Knöpfe gleichmäßig verteilt rundum auf den Waschlappen. Dann füllen Sie ihn nicht zu prall mit der Watte und schließen die offene Seite des Waschlappens mit der Nähmaschine oder per Hand.

So wird's gemacht

▶ Dieses Spielzeug bleibt lange interessant: Anfangs ist Ihr Baby von den unterschiedlichen Materialien und Farben begeistert, später wird es die verschiedenen Knöpfe mit dem Pinzetten- und Zangengriff genauer erforschen.

Übrigens ...

Ab dem 5./6. Monat

Tastkissen

▶ Mit festgenähten Gegenständen hantieren.

Material

▶ Ein einfarbiger Kopfkissenbezug, ein relativ festes Kopfkissen. Zum Draufnähen: verschiedene Bändchen, Knöpfe, Stoffreste, kleine Steine, Murmeln, ein kleiner Holzring oder anderes.

▶ Jetzt ist Ihre Phantasie gefragt. Nähen Sie einfach auf das Kissen, was Sie zu Hause geeignetes finden! Hier einige Vorschläge:

So wird's gemacht

▶ Schneiden Sie aus einem Stück Filz einen Kreis (Durchmesser etwa 10 cm). Legen Sie ihn auf den Bezug und einige kleine Steine oder Glasmurmeln darunter. Dann nähen Sie den Filz fest – am besten mit der Maschine.

Weitere Möglichkeiten

▶ Legen Sie 4 bis 5 verschiedene Stoffbändchen (je 20 bis 25 cm lang) nebeneinander auf den Bezug, und nähen Sie ein Ende der Bänder am Bezug fest.

▶ Aus rauhem Stoff schneiden Sie verschiedene Formen – Blumen, Wolken oder ähnliches – und nähen sie auf den Bezug.

▶ Nähen Sie einige Knöpfe nebeneinander auf den Bezug.

Wenn Sie ein Tastkissen herstellen, können Sie Ihre Phantasie spielen lassen.

▶ Knoten Sie ein Stoffband um einen Holz- oder Plastikring. Nähen Sie das Ende des Bandes auf dem Bezug fest. Statt des Rings eignen sich auch andere Gegenstände (etwa große Holzperlen oder ein Metallglöckchen).

▶ Lassen Sie Ihr Kind das Tastkissen in Bauchlage untersuchen (siehe Spielanregung Seite 58) – das interessante Sammelsurium verschiedener Gegenstände ermuntert Ihr Baby bestimmt dazu, auf dem Bauch liegenzubleiben.

Was tut Ihr Baby?

Die musikalische Rolle

▶ Selbst Geräusche erzeugen.

▶ Einige leere Rollen von Küchen- oder Toilettenpapier,

Ab dem 5./6. Monat

Material

selbstklebende Folie; Füllmaterial (Erbsen, Linsen oder ähnliches).

▶ Schneiden Sie aus der Folie zwei Kreise, deren Durchmesser etwas größer als der der Rolle ist. Kleben Sie einen Kreis auf ein Ende der Rolle. Füllen Sie nun einige Erbsen (oder anderes Material) in die Rolle. Kleben Sie auch auf das andere Ende der Rolle einen Kreis. Dann schneiden Sie ein rechteckiges Stück Folie aus (Länge mal Umfang der Rolle) und kleben es um die Rolle.

Die Schnurrolle

▶ Fingerfertigkeit verbessern.

▶ Eine feste Papprolle (30 bis 40 cm, etwa eine Plakatrolle), Paketschnur (circa 40 cm lang); Holzkugeln oder große Knöpfe.

▶ Stechen Sie an einer Seite der Rolle 3 bis 4 Löcher im Abstand von jeweils etwa 10 cm untereinander. Dann stechen Sie genau auf gleicher Höhe ebenso viele Löcher auf der anderen Seite der Rolle. Fädeln Sie die Schnur durch. An beiden Enden befestigen Sie nun jeweils eine große Holzperle oder einen Knopf.

▶ Ihr Kind zieht die Schnur immer wieder hin und her – es spielt mit dem Gesetz von Ursa-

che und Wirkung. Ihr Kind begreift: Habe ich die Schnur durchgezogen, muß ich wieder auf der anderen Seite ziehen.

Die wilde Kugelbahn

▶ Einen Ball durch ein Rohr rollen lassen.

▶ Eine feste Papprolle (30 bis 40 cm, beispielsweise eine Plakatrolle); eine große Holzperle oder einen Tischtennisball.

▶ Einfacher und billiger können Sie kaum ein Spielzeug herstellen: Zeigen Sie Ihrem Baby einige Male, wie Sie den kleinen Ball durch das Rohr sausen lassen.

▶ Ihr Kind wird versuchen, den Ball in die Öffnung zu stecken und beobachten, wie er unten ankommt. Anfangs müssen Sie die Rolle schräg halten, aber nach einiger Zeit lernt Ihr Baby, dieses Spiel auch allein zu spielen.

▶ Auch Glasmurmeln sind geeignet: Wenn Sie Ihrem Kind in diesem Alter Glaskugeln geben, müssen Sie jedoch aus Sicherheitsgründen die ganze Zeit dabeibleiben und anschließend die Kugeln wieder wegräumen.

▶ Auch im Kindergartenalter mögen Kinder dieses Spiel noch!

Babys erste Trommel

▶ Mit der Hand oder mit dem Kochlöffel trommeln.

▶ Eine leere Dose mit Deckel (Durchmesser etwa 15 cm), selbstklebende Folie oder Filz.

▶ Schneiden Sie aus der Folie oder dem Filz zwei Kreise (mit einem etwas größeren Durchmesser als der Dosendeckel). Kleben Sie die Kreise auf Deckel und Boden der Dose. Dann bekleben Sie die Dose mit der Folie. Außerdem können Sie die Trommel mit farbigen Figuren verzieren.

▶ Ihr Baby »musiziert« mit der Hand oder mit einem Kochlöffel!

Formbox

▶ Etwas in eine kleine Öffnung stecken.

▶ Eine Schachtel, zum Beispiel ein Schuhkarton, »Wurfobjekte«.

▶ Schneiden Sie in die Mitte des Deckels ein kreisförmiges Loch (Durchmesser etwa 3 cm).

▶ Jetzt kann Ihr Baby kleine Sachen, etwa Korken, hineinwerfen.

▶ Später können Sie eine Box mit viereckigem Loch herstellen.

Die Schlange

▶ Ein Spielzeug heranziehen.

▶ Etwa 3 bis 5 leere Toilettenpapierrollen, eine alte Feinstrumpfhose oder Kniestrümpfe und eine Schnur (20 bis 30 cm lang).

▶ Schneiden Sie das Fußteil des Kniestrumpfes (bei Strumpfhosen Fuß- und Hosenteil) ab. Den verbliebenen »Schlauch« knoten Sie an einem Ende zu. Stecken Sie dann nacheinander die Papierrollen hinein. Verknoten Sie den Schlauch hinter jeder Rolle. An ein Ende binden Sie die Schnur.

▶ Ihr Baby wird die Schlange zu sich heranziehen – wieder eine spielerische »Lektion« des Prinzips von Ursache und Wirkung!

Das perfekte »Krabbelzimmer«!

Nicht nur Babys Spielzeug läßt sich zum großen Teil selbst herstellen – auch Kindermöbel müssen nicht im »Fachgeschäft« gekauft werden: Mit Decken verhüllt wird ein Tisch zum Zelt, zwei Stühle hintereinander sind ein langer Baby-Krabbel-Tunnel. Weitere »Krabbelzimmer-Möbel«:

● Matratzen, große Kissen
● Luftmatratze (mal mehr, mal weniger aufgeblasen) und ein Koffer
● eine große Schachtel (etwa ein Fernsehkarton) und kleine Kisten und Kartons

Zum Nachschlagen

Bücher, die weiterhelfen

Cramm, D.v. / Schmidt, Prof. Dr. med. E.: *Unser Baby. Das erste Jahr;* Gräfe und Unzer Verlag

Dorsch, Prof. Dr. med. W. / Loibl, M.: *Hausmittel für Kinder;* Gräfe und Unzer Verlag

Hofmann, Dres. D. & U.: *Erste Hilfe bei Kindern;* Gräfe und Unzer Verlag

Kampmann, G. u.a.: *Das wichtige erste Jahr;* Südwest Verlag

Keudel, Dr. H.: *Kinderkrankheiten;* Gräfe und Unzer Verlag

Koneberg, L.; Förder, G.: *Kinesiologie für Kinder;* Gräfe und Unzer Verlag

Kunze, P. / Salamander, C.: *Die schönsten Rituale für Kinder* und *Kinder fördern im Alltag;* Gräfe und Unzer Verlag

Largo, R. H.: *Babyjahre. Die frühkindliche Entwicklung aus biologischer Sicht;* Carlsen Verlag

Pighin, G. / Simon, Dr. med. B.: *Babys erstes Jahr. So bleibt Ihr Kind gesund und munter;* Gräfe und Unzer Verlag

Polinski, L.: PEKiP: *Spiel und Bewegung mit Babys;* Rowohlt TB

Schmidt, S.: *Bach-Blüten für Kinder;* Gräfe und Unzer Verlag

Seßler, S.: *Unser Baby (Babykalender für die ersten 12 Monate);* Gräfe und Unzer Verlag

Stellmann, Dr. med. H. M.: *Kinderkrankheiten natürlich behandeln;* Gräfe und Unzer Verlag

Stern, D.: *Tagebuch eines Babys;* Piper Verlag

Stumpf, W.: *Homöopathie für Kinder;* Gräfe und Unzer Verlag

Thiel, M.: *Babyspaß mit PEKiP-Spielen;* Ravensburger Verlag

Voormann, C.; Dandekar, Dr. G.: *Babymassage. Berührung, Wärme, Zärtlichkeit;* Gräfe und Unzer Verlag

Zimmer, K.: *Das wichtigste Jahr. Die seelische und körperliche Entwicklung im ersten Lebensjahr;* Kösel Verlag

Zimmermann, Dr. M.: *Kinder spielerisch zur Ruhe führen;* Gräfe und Unzer Verlag

Adressen, die weiterhelfen

PEKiP e. V.
Geschäftsstelle
Heltorfer Straße 71
47269 Duisburg
e-mail:
pekip@t-online.de
Internet:
www.pekip.de
(Hier erfahren Sie, wo es in Ihrer Nähe PEKiP-Gruppen gibt und bekommen auch Informationen zur Fortbildung zum PEKiP-Gruppenleiter.)
PEKiP® ist ein eingetragenes Warenzeichen und gesetzlich geschützt. PEKiP-Gruppen können nur von ausgebildeten Gruppenleiterinnen mit PEKiP®-Zertifikat durchgeführt werden.

Bundeszentrale für gesundheitliche Aufklärung
Postfach 910152
51071 Köln
(Hier können Sie die »Sicherheitsfibel – Ratgeber für Eltern zur Verhütung von Kinderunfällen« anfordern.)

Sprechstunde für Schreibabys:
Kinderzentrum München
Heiglhofstraße 63
81377 München

Register

A

Asymmetrische Lage 21
Augenschließreflex 26
Auffälligkeiten 23, 26, 29
Autokindersitz 20, 86

B

Babygeräte 85f.
Babyhopser 86
Babywippe 86
Bärengang 28
Bauchlage 21f., 24, 51ff., 58ff.
Beutel zum Spielen 90
Bewegungsfreiheit 32f.
Blasreiblaute 25
Blickkontakt 22
Bügelbrett, Spiel mit 73

D

Doppelsilben 28
Dosen, klingende 89
Drehen, vom Rücken auf Seite und Bauch 24, 27, 60

E

Eltern-Kind-Bindung 12, 37
Eltern-Kind-Gruppen 34ff.
Entwicklung im ersten Lebensjahr 16ff., 30f.
– in den ersten drei Monaten 20ff.
– vom siebenten bis zum zwölften Monat 26ff.
– vom vierten bis zum sechsten Monat 24ff.
Entwicklungstempo 18f.
Erkennen, sich selbst 25
Erziehung 15, 16f., 78, 80f.

F
Fahrradsitz 20, 86
Fallenlassen, Dinge 26, 29
Familie werden 9
Fangen 78
Fixieren 45f.
Formbox 93
Fremdeln 28
Fußball 75
Füße, Spiele für die 49ff., 76

G
Geburt 8
– schwierige 13
Gedächtnis 29
Greifen 25, 28, 49f.
– diagonal 25
Greifreflex 20, 22, 25

H
Hand-Becken-Stütz 24
Hände, Spiele für die 49ff., 56f., 65ff.
Hochziehen, sich selbst 61ff.
Hopsen 63

K
Kinderwagen 86
Klatschen 29, 79
Koch, Dr. Jaroslav 32ff.
Kompetenzen
– der Eltern 13ff.
– des Babys 9ff.
Kontakte
– zwischen Babys 34
– zwischen jungen Eltern 32
Kopf heben und halten 21, 45ff.
Körperkontakt 22
Krabbeln 19, 27, 68ff.
Kuckuck-Spiel 28, 79
Kugelbahn 92
Kugelkette 90

L
Lächeln 22f.
Lachen 25
Langsitz 27
Laufen 27f., 74ff.
Lauflerngeräte 86
Lauflernschuhe 77
Laufstall 86
Leiter, Spiel mit der 74
Loslassen 37

M
Mobile 87
Moro-Reflex 21

N
Nachahmen 12, 15

P
PEKiP 32ff.
– Entwicklung und Hintergründe 32ff.
– für Väter 35f.
– in der Gruppe 34ff.
– Ziele 33
Pinzettengriff 28
Prager-Eltern-Kind-Programm siehe PEKiP

R
Reflexe 20f., 26
Ring mit Bändchen 88
Robben 27, 68ff.
Rolle, musikalische 91
Rollen 27
Rückenlage 27
Rückentrage 86
Ruppelt, Prof. Dr. Christa 34

S
Saugreflex 20
Schalengriff 44
Schaukeln
– in der Decke 48f.
– auf dem Wasserball 53
Schlange 93

Schluckreflex 20
Schneebesen-Rassel 89
Schnur mit Anhängseln 89
Schnurrolle 92
Schräge Ebene 58f., 73
Schreien 11f.
Schreitreflex 21
Schwangerschaft 8
Sehen 14, 23, 26
Selbstbewußtsein 33
Sicherheit 64
Silbenketten 25
Sitzen 20, 24, 27
Spiele und Anregungen 39ff.
– auswählen 41ff.
– für das erste Vierteljahr 45ff.
– für das zweite Halbjahr 64ff.
– für das zweite Vierteljahr 56ff.
– für die Beweglichkeit von Kopf und Augen 45ff.
– für die Hände 49ff., 56f., 65
– für die Füße 49ff., 56f., 76
– mit dem Wasserball 50f., 53, 76, 77
–, soziale 78ff.
–, Trage- 53ff.
– vorbereiten 40f.
– zum Krabbelnlernen 68ff.
– zum Laufenlernen 74ff.
– zum Umdrehen 60ff.
– zur Erleichterung der Bauchlage 51ff., 58ff.
Spielzeug 83ff.
– aus dem Alltag 85
–, geeignetes 43, 84
– selbst herstellen 87ff.
Sprachentwicklung 15, 23, 25, 28f.

Stehen 27, 73ff.
Stillen 14
Streicheln 49, 52
Stuhl, Spiel mit dem 72f.

T
Tastkissen 91
Tastsäckchen 87
Tragen 54
Tragesack 86
Tragetuch 86
Tragespiele 53ff.
Trommel, Babys erste 93
Tüte zum Spielen 88

U
Über die Seite hochnehmen 44
Überraschungsbeutel 90
Unterarm-Becken-Stütz 24
Urvertrauen 16

V
Verbote 78, 80, 81
Versteckspiele 28
Verstehen 29
Vierfüßlerstand 27, 70, 71
Vorsorgetermine 17

W
Waschlappen mit Knöpfen 90
Wasserball 33, 50f., 53, 76, 77
Wohnung, kindgerechte 64, 65, 72

Z
Zangengriff 28
Ziehen, Spielzeuge 29, 67f., 77f.

Das Original mit Garantie

IHRE MEINUNG IST UNS WICHTIG.
Deshalb möchten wir Ihre Kritik, gerne aber auch Ihr Lob erfahren, um als führender Ratgeberverlag für Sie noch besser zu werden.
Darum: Schreiben Sie uns! Wir freuen uns auf Ihre Post und wünschen Ihnen viel Spaß mit Ihrem GU-Ratgeber.

UNSERE GARANTIE: Sollte ein GU-Ratgeber einmal einen Fehler enthalten, schicken Sie uns bitte das Buch mit einem kleinen Hinweis und der Quittung innerhalb von sechs Monaten nach dem Kauf zurück. Wir tauschen Ihnen den GU-Ratgeber gegen einen anderen zum gleichen oder ähnlichen Thema um.

Ihr Gräfe und Unzer Verlag
Redaktion Gesundheit
Postfach 86 03 25
81630 München
Fax: 089/41981 - 113
e-mail: leserservice@
graefe-und-unzer.de

Impressum

© 1999 Gräfe und Unzer Verlag GmbH, München.
Alle Rechte vorbehalten. Nachdruck, auch auszugsweise, sowie Verbreitung durch Film, Funk und Fernsehen, durch fotomechanische Wiedergabe, Tonträger und Datenverarbeitungssysteme jeder Art nur mit schriftlicher Genehmigung des Verlages.

Redaktion: Reinhard Brendli M.A.
Lektorat: Ina Raki

Fotos: Anna Peisl
Weitere Fotos: Baby Walz: S. 46, 50, 57; Reinhard Brendli: S. 37; Didymos: S. 86; Picture Press: S. 36; Sigrid Reinichs: S. 14; Superstock: vordere Umschlagseite

Umschlaggestaltung:
independent Medien-Design
Innenlayout: Heinz Kraxenberger
Herstellung: Ina Hochbach
Satz: Johannes Kojer
Lithos: Fotolito Longo, Bozen
Druck und Bindung: Auer, Donauwörth

ISBN 3-7742-1602-9

Auflage   5.
Jahr   03 02

Umwelthinweis

Dieses Buch wurde auf chlorfrei gebleichtem Papier gedruckt. Um Rohstoffe zu sparen, haben wir auf Folienverpackung verzichtet.

Wichtiger Hinweis

Die Spiele und Anregungen aus dem Prager-Eltern-Kind-Programm wurden konzipiert, um die optimale Entwicklung Ihres Kindes spielerisch zu unterstützen. Führen Sie alle Anregungen genau nach den Anleitungen im Buch aus. Die Spiele sind für »normal« entwickelte Kinder gedacht und können nicht bei schweren Entwicklungsproblemen helfen.
Wenn Sie annehmen müssen, daß Ihr Kind solche Probleme hat oder wenn Ihr Kind behindert ist, suchen Sie bitte in jedem Fall einen Arzt auf. Er wird Ihnen auch helfen, die für Ihr Kind geeigneten Fördermöglichkeiten, Spiele und Therapien zu finden.

Dank

Herzlichen Dank an Frau Kristine Kühnel-Gröbert, die Geschäftsführerin des PEKiP-Vereins, für ihre fachliche Unterstützung.
Außerdem möchte ich mich bei Herrn Reinhard Brendli und Frau Ina Raki für die gute Zusammenarbeit von Seiten des Verlages bedanken.
Ein ganz besonderer Dank geht an meinen Mann Hans, der mich tatkräftig beim Schreiben des Manuskriptes unterstützt hat – und darüber hinaus die meinerseits fehlende Zeit unseren kleinen Kindern gegenüber ausglich.